FORNO
PANE e SALUTE

Emanuela Stramana

Original Toskanische Küche

FIRENZE

ACQUA
PANNA
Acqua
Oligominerale
NATURALE
75cl
ACQUA MINERALE NATURALE

Inhalt

APERTO

Kleiner Streifzug durch die toskanische Küche

Toskana: Dieser herrliche Flecken Erde zwischen Apennin und Tyrrhenischem Meer, reich an Kultur und unvergleichlicher Landschaft, geprägt von mittelalterlichen Städtchen, großen *fattorie* (Landgüter) und *poderi* (Bauernhöfe) und Ziel vieler Sehnsüchte, gilt vor allem für Feinschmecker als Paradies. So unterschiedlich die einzelnen Regionen der Toskana auch sind, eines haben sie – kulinarisch gesehen – gemeinsam: Die Küche ist schlicht, genügsam, unverfälscht, ohne übertriebene Raffinesse. Hier kennt man keine schweren Saucen, keine überwürzten Gerichte. Im Gegenteil, die toskanische Küche legt Wert auf Zubereitungsformen, die den Eigengeschmack der Zutaten nicht überdecken, sondern unterstreichen. Man denke nur an das toskanische Brot: ungesalzen und mit grober Kruste, großporig und duftend ... Leicht geröstet, mit Knoblauch eingerieben und mit Olivenöl getränkt ist es schon eine köstliche kleine Mahlzeit, die in ihrer Schlichtheit nicht zu übertreffen ist und doch dem Gaumen signalisiert: So schmeckt es in der Toskana!

Die Ursprünge der traditionellen Küche gehen auf die Etrusker zurück, die vor etwa 3000 Jahren das Gebiet der heutigen Toskana besiedelten. Sie waren das zivilisierteste Volk auf dem europäischen Kontinent und noch heute zeugen Fresken von der hohen Kultur dieses untergegangenen Volkes. Die Darstellungen zeigen nicht nur die Zubereitung der Speisen, zu sehen sind auch große Gelage, bei denen sich Etrusker von graziösen Bediensteten Speis und Trank reichen lassen, während im Hintergrund musiziert wird – ein Beweis dafür, dass Essen nicht nur der Nahrungsaufnahme diente, sondern Bestandteil des kulturellen Lebens war.

Mit der Ausdehnung der Römischen Republik und dem Untergang der etruskischen Zivilisation änderten sich auch die Essgewohnheiten: Es wurde sehr stark gewürzt und alle Speisen mit einer kräftigen Fischsauce übergossen, die den Eigengeschmack der Gerichte gänzlich übertönte. Ein Kochbuch mit hunderten von Rezepten aus dem Jahre 30 v. Chr. überliefert die römische Kochkunst der damaligen Zeit – allerdings hat keines dieser Gerichte die Zeiten überdauert!

Als im 5. Jahrhundert germanische Eindringlinge Städte und Dörfer der heutigen Toskana zerstörten, lebte die Bevölkerung in großer Armut. Viele der heute noch typisch toskanischen Gerichte entstanden in dieser Zeit. Weil Salz wegen der hohen Steuer für die einfache Bevölkerung unbezahlbar war, wurde auch das Brot ungesalzen gebacken. Es war jedoch sättigender Hauptbestandteil vieler Speisen und noch heute darf es bei keiner Mahlzeit fehlen.

Die karge Küche änderte sich im 12. Jahrhundert, als der Handel wieder Aufschwung nahm, die Städte aufblühten und die Bevölkerung anwuchs. In den wohlhabenden Häusern wurden große Küchen eingerichtet und die Kochkunst entwickelte sich weiter. Bereits im 14. Jahrhundert aß man in Florenz mit der Gabel, während ihr Gebrauch im übrigen Italien noch vollkommen unbekannt war. Im 15. Jahrhundert herrschte die Familie der Medici über Florenz und schließlich über die gesamte Toskana. Essen und Trinken wurde wieder zur kulturellen Angelegenheit. Katharina di Medici, die 1533 Heinrich II. von Orleans heiratete und Königin von Frankreich wurde, brachte eine Fülle von Rezepten ihrer Heimat an den französischen Hof. Viele toskanische Gerichte fanden so Eingang in die französische Küche, aus der sich später die Haute Cuisine entwickelte.

Eine besondere ländliche Wirtschaftsordnung, die *mezzadria* (Halbpacht), die teilweise noch bis in die 50er Jahre des letzten Jahrhunderts Gültigkeit hatte, verlangte von den Bauern, die Hälfte des Ertrags, den sie aus dem ihnen anvertrauten Grund und Boden erwirtschafteten, an den Grundbesitzer abzutreten. Was abzuliefern war, wurde vertraglich festgelegt: die Anzahl des Viehs, die Fuhren Heu und Stroh, die Mengen an Korn, Öl, Wein und Brot. Als Gegenleis-tung wurde den Bauern ein Dach über dem Kopf garantiert. Je nach Landstrich war es aber schwer bis gänzlich unmöglich, mit den verbliebenen Erträgen eine vielköpfige Familie zu ernähren. Die vielfach kargen, oft steinigen Böden der Toskana gaben zumeist nicht allzu viel her und der überwiegende Teil der Bauern lebte ständig am Existenzminimum, was sich natürlich auch und gerade in der Küche widerspiegelte.

Heute wird die Küche der Toskana wieder durch ihre ländliche Tradition bestimmt und viele Rezepte der traditionellen Armeleuteküche stehen nach wie vor hoch im Kurs. Einfache Gerichte werden mit frischen Kräutern wie Petersilie, Basilikum, Minze (oft Bergminze), Estragon oder Rosmarin und dem köstlichen Olivenöl zur Delikatesse; die Verwendung saisonaler frischer Zutaten steht stets im Vordergrund.

Im Gegensatz zum restlichen Italien ist die Toskana von fremden Einflüssen relativ unberührt geblieben. Das erklärt auch, weshalb unter den vielen regionalen Küchen des Landes die toskanische als besonders typisch gilt. Dabei ist die Küche der Toskana die vielfältigste in ganz Italien und je nach Region sehr stark von den jeweils typischen Produkten geprägt. Die Grundsäulen Brot, Knoblauch und Olivenöl, dazu noch Schafskäse (*pecorino*), findet man in allen Landstrichen, daneben gibt es jedoch viele regionale Spezialitäten, die oft von Dorf zu Dorf unterschiedlich zubereitet werden – das macht die toskanische Küche so besonders abwechslungsreich.

Nach wie vor ist die Toskana überwiegend ländlich, es gibt wenig Industrie, aber immer noch und sogar wieder zunehmend landwirtschaftliche Kleinbetriebe, die naturbelassene Produkte anbieten. Wer einmal das delikate Fleisch von Schafen, die auf würzigen Weiden aufgezogen wurden, oder das köstliche Hühnerfleisch, das von frei laufendem Geflügel stammt, probiert hat, merkt sehr schnell: Das Fundament der toskanischen Küche ist und bleibt das Grundprodukt. Und obwohl die Armut der Bauern zu einfachen Gerichten zwang, gibt es einen unglaublichen Reichtum an kulinarischer Phantasie. Schlichte Speisen wurden im Laufe der Generationen zu Köstlichkeiten, die durch ungewöhnliche Kombinationen geradezu raffiniert anmuten. Wer einmal zum Dessert einen gereiften Pecorino mit Akazien- oder Kastanienhonig probiert hat, weiß, wovon die Rede ist.

Mehr als in jeder anderen Gegend Italiens hat die frühere Armut dazu beigetragen, dass die Toskaner aus allem, was im Laufe des Jahres wächst und gedeiht, das Allerbeste herausholen und dass sie die einfachsten Gerichte mit viel Phantasie abwechslungsreich und äußerst schmackhaft zu kochen verstehen. Einzig Bohnen und Kichererbsen haben das ganze Jahr Saison. „Bohnenesser“ werden die Toskaner von den übrigen Italienern genannt und in der Tat gibt es ungezählte Gerichte mit frischen oder getrockneten Bohnen – ob als Suppe, Eintopf oder Beilage –, insbesondere mit *cannellini*, einer länglichen weißen Bohnensorte, oder mit

den rot gesprenkelten *borlotti*. Wenn im Frühjahr die ersten Puffbohnen (*fave*) erntefrisch angeboten werden, verspeist man sie gern direkt aus der Schote, also ungekocht, zu einem Stückchen Pecorino.

Neben ihrer Vorliebe für Brot und Hülsenfrüchte haben die Toskaner noch eine andere Leidenschaft: Sie gelten als ausgesprochene Fleischliebhaber. Sie genießen Fleisch auf jede Art: gegrillt, gekocht und geschmort. Neben diversen Gerichten mit Schweine-, Rind- oder Kalbfleisch sowie Ziege, Lamm, Wild, Geflügel und Kaninchen sind Braten oder Ragouts von Wildschwein, geschmorter Fasan oder Taube weitere typische Köstlichkeiten der toskanischen Küche. Und da die Toskaner – wie fast alle Italiener – leidenschaftliche Jäger sind, kommen diese Spezialitäten entsprechend häufig auf den Tisch. Besonders begehrt und von delikater Schlichtheit ist die berühmte *bistecca alla fiorentina*, ein riesiges, etwa 1 kg schweres T-Bone-Steak, das im Idealfall von den weißen Chianina-Rindern stammen sollte. Ursprünglich kommt es aus der Maremma, wo die Rinder gehalten werden, doch schon bald eigneten sich wohlhabende Florentiner diese Spezialität an und gaben ihr ihren Namen. In Florenz selbst heißt sie übrigens schlicht *bistecca* und es gibt keinen Zweifel daran, was gemeint ist. Der Genuss dieses unvergleichlichen, ausschließlich über Holzkohlenfeuer gegrillten Fleischstücks, das nur mit Salz und Olivenöl (eventuell auch mit Pfeffer) gewürzt werden darf, stellt alles in den Schatten: außen knusprig, innen blutig bis rosa, mit unverwechselbarem Aroma.

Fisch spielt hauptsächlich in den Küstenregionen der Toskana eine Rolle. Auch hier gibt es Spezialitäten, die besondere Beachtung verdienen: So gilt der *cacciucco* (eine der Armeleuteküche entlehnte Fischsuppe) aus der Gegend von Livorno der französischen Bouillabaisse als mindestens ebenbürtig und die um Pisa hoch geschätzten *cee* (Glasaale) sind ein besonderer Genuss. Aber auch was Meer und Flüsse sonst noch hergeben wird auf unnachahmliche Art köstlich zubereitet.

Die Toskaner gelten allgemein als ausgesprochene Individualisten – und im Besonderen, was das Essen angeht: Das zeigt sich schon, wenn man auf Märkten oder in Geschäften beobachtet, mit welcher Sorgfalt die angebotenen Waren begutachtet und verglichen werden. Typisch auch, was oft in Trattorien und Restaurants passiert: Am liebsten lassen sich die Gäste vom Wirt das Tagesangebot „vorbeten", um dann noch Wünsche anzumelden, dass sie dieses oder jenes Gericht auf spezielle Weise zubereitet haben möchten ... Und in aller Regel geht der Wirt gern auf Sonderwünsche ein, beweisen sie doch, dass der Gast etwas vom Essen versteht. Es ist auch durchaus nicht so, dass stets ein ganzes Menü, also *antipasto*, *primo*, *secondo*, *dolce* (Vorspeise, Nudel- oder Suppengang, Hauptgericht, Dessert), gegessen wird. Je nach Appetit und Laune kann variiert werden und es ist keineswegs unüblich, nur ein *antipasto* und einen Hauptgang zu bestellen. Ach ja, die *antipasti*: Eine toskanische Vorspeise besteht sehr oft aus einer Portion gemischter Salami und gemischtem Schinken mit zwei oder drei *crostini* (geröstete Brotscheiben mit Tomaten, Knoblauch und Olivenöl oder mit Milzpaste oder Hühnerleber) und jeder Wirt ist stolz, wenn er einen besonderen Schinken oder eine spezielle Salami der Region anzubieten hat.

Essen ist übrigens auch heutzutage oft ein eher gesellschaftliches Ereignis – das bedeutet jedoch nicht unbedingt, Gäste an einer großen Tafel zu bewirten. Häufig verabreden sich Freunde zum Kochen, jeder bringt mit, was er hat, die Mahlzeit wird gemeinsam zubereitet und anschließend wird musiziert und gesungen oder es liegen Karten bereit, um den Tag mit einem Spiel ausklingen zu lassen.

Kulinarisch gesehen kommt auch den vielfältigen Feiertagen eine besondere Bedeutung zu: Sowohl zu regionalen Festen, wie zum Beispiel dem *Palio* (einem traditionellen Pferderennen in der Stadt Siena) als auch zu Weihnachten, Fasching (*Carnevale*), Ostern oder Marienfesten werden besondere Speisen zubereitet. Sie haben eine lange Tradition und die Rezepte werden von Generation zu Generation weitergegeben.

Eine ganz besondere Stellung in der toskanischen Küche nimmt das Olivenöl ein: Die Landschaft ist geprägt vom flirrenden Laub der Olivenbäume und das Öl gehört zum Besten, was die Toskana zu bieten hat. Da ist es selbstverständlich, dass jeder sein Lieblingsöl und seine bevorzugte Ölmühle (*frantoio*) hat. Und wenn man schon keinen eigenen Olivenhain besitzt, weiß man doch zumindest, wer in der Gegend das beste Öl herstellt und kauft es nur dort. Das beste Olivenöl wird unter der Bezeichnung *extra vergine*

(extra jungfräulich) gehandelt, es ist dickflüssig, leicht trüb und von fruchtigem, nussigem Geschmack. Es hat eine kräftige grüne Farbe, die erst nach einer Lagerzeit von ein bis zwei Jahren ins gelblich Grüne wechselt. Wenn das erste frisch gepresste Öl zu haben ist, etwa ab Mitte November, wird es gern im Freundeskreis verkostet und verglichen – am

COLIBRIFRUIT

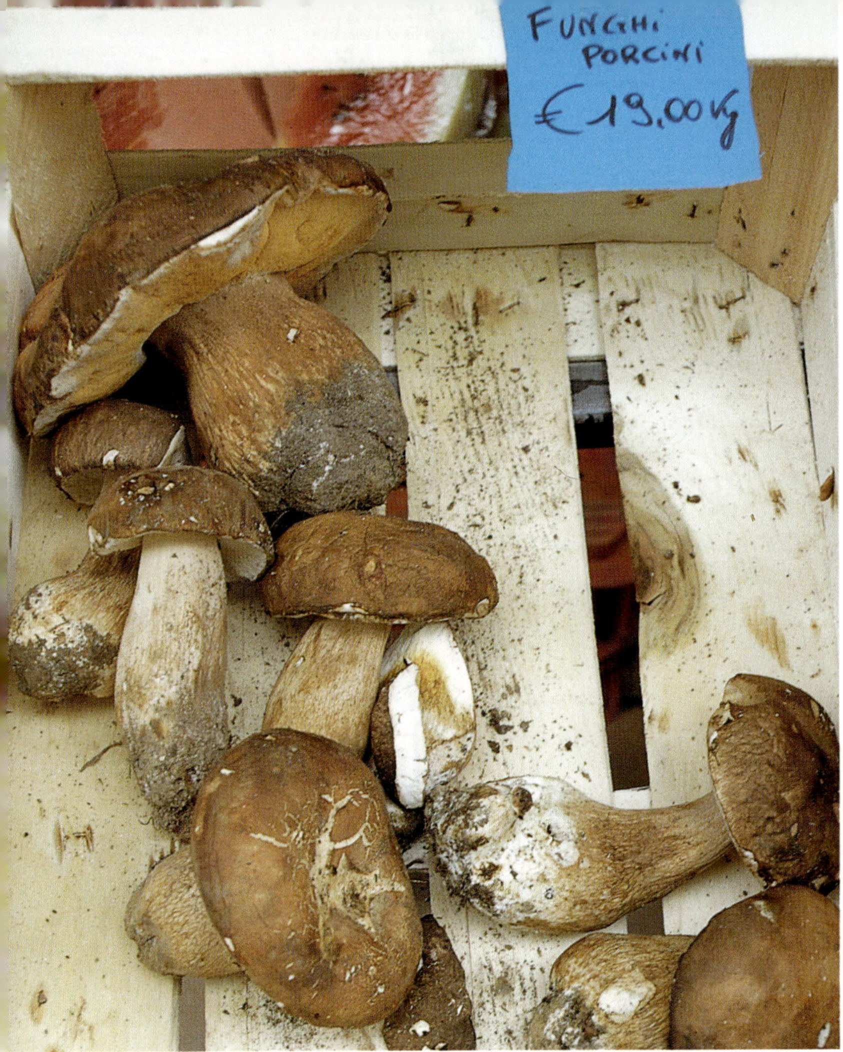

liebsten nur mit einem Stückchen Brot, um den herrlichen reinen Geschmack unverfälscht genießen zu können.

In den bergigen Regionen der Toskana, etwa der Gegend um den Monte Amiata, gibt es ausgedehnte Kastanienwälder und so ist es nicht verwunderlich, dass speziell in diesen Landstrichen die *marroni* (Edelkastanien) Einfluss auf den Speisezettel haben. Sie werden unter anderem gern geröstet zu einem Glas Wein verzehrt; aus Kastanienmehl wird außerdem Polenta bereitet und ein Kuchen (*castagnaccio*) gebacken, nicht sehr süß und oft verfeinert mit Pinienkernen oder Rosinen, manchmal gar mit Rosmarin.

Wie bei vielen Spezialitäten „streiten" die Toskaner auch gern beim Pecorino darüber, woher der beste kommt. Jeder Landstrich, in dem Schafe gezüchtet werden, wetteifert um die Gunst der Genießer. Und in der Tat schmeckt dieser Käse je nach Region durchaus unterschiedlich, da die Bodenbeschaffenheit der Weiden Einfluss auf die Schafsmilch hat. Aber egal, ob es sich um einen milden jungen, einen würzigen gereiften oder einen eher pikanten alten Pecorino handelt: Oft wird der Käse noch verfeinert, in dem er etwa in Nussblätter eingewickelt reift oder mit Peperoncini- oder gar Trüffelstückchen angereichert wurde.

Doch nun genug der Theorie: Sie werden in diesem Buch bei vielen Rezepten Hinweise auf die Herkunft oder kleine Anekdoten zu den Gerichten finden. Wenn nötig, habe ich stets vermerkt, welche Zutaten Sie gegen andere austauschen können, ohne den typischen Geschmack allzu sehr zu verändern. Bei der Zubereitung habe ich mich in erster Linie an der traditionellen, meist also ländlichen Art orientiert – für Stadtbewohner, die beispielsweise keine offene Feuerstelle haben, wird aber in den Tipps darauf hingewiesen, wie ein traditionelles Gericht auch mit einem modernen Herd oder einem elektrischen Grill zubereitet werden kann.

Die nachfolgende Beschreibung der klassischen toskanischen Weine soll Ihnen die Suche nach einem geeigneten Tropfen zum Essen erleichtern und so bleibt mir an dieser Stelle nichts weiter, als Ihnen viel Spaß beim Kochen und vor allem: *buon appetito*, guten Appetit, zu wünschen!

Klassische Weine der Toskana

Wer an toskanischen Wein denkt, hat wohl in erster Linie **Chianti** im Sinn – und tatsächlich wird auf einem Drittel der gesamten Anbaufläche dieser Wein produziert. Das Chiantigebiet erstreckt sich von Pisa im Norden der Toskana über Florenz und Siena bis zum weiter im Süden gelegenen Montalcino und ist in sieben Chianti-Unterzonen unterteilt. Die bekannteste allerdings ist das zwischen Florenz und Siena gelegene *Chianti classico*. Die Bezeichnung *classico* dürfen nur Weine führen, deren Trauben aus dieser Region stammen und nur sie bekommen das rote Siegel mit dem schwarzen Hahn, dem *Gallo nero*. Aber auch die Chianti aus den übrigen Unterzonen gehören seit 1984 in die höchste italienische Weinkategorie, die DOCG *(Denominazione di origine controllata e garantita)*, und das, obwohl viele von ihnen relativ einfache Rotweine sind. Gemeinsam ist allen Chianti, dass sie ganz oder hauptsächlich aus Sangiovese-Trauben gekeltert werden. Der Name Chianti tauchte übrigens bereits im 8. Jahrhundert auf und es wird vermutet, dass er sogar von den Etruskern stammen könnte.

Chianti sind trockene Rotweine von rubinroter Farbe; typisch ist der an Veilchen erinnernde Duft. Junge Chianti sind kräftige, tanninbetonte Weine, die zu vielen Gerichten passen. Bei den älteren Jahrgängen geht die Farbe in Granatrot über. Sie sind samtig, weich und schmecken besonders gut zu dunklem Fleisch.

International am meisten geschätzt und ein absoluter Spitzenwein der Toskana ist der **Brunello di Montalcino**. Ein körperreicher, kräftiger Rotwein, der in der Jugend ein wenig rau und herb, im Alter jedoch eher weich ist. Auch er gehört zu den DOCG-Weinen und wird nur aus speziellen Sangiovese-Trauben, den Sangiovese Grosso, erzeugt. Der Brunello ist kräftiger als der Chianti. Er muss mindestens zwei Jahre im Holzfass lagern und darf erst nach vier Jahren zum Verkauf angeboten werden.

Brunello passt hervorragend zu dunklem Fleisch und Wild und sollte einige Stunden vor dem Trinken geöffnet, am besten sogar dekantiert werden.

Eine gute Alternative (auch preislich gesehen!) ist der „kleine Bruder" des Brunello, der **Rosso di Montalcino**. Wie der Brunello wird er aus reinem Sangiovese Grosso gekeltert, muss aber nur ein Jahr im Fass lagern. Der Rosso schmeckt ebenso wie der Brunello wunderbar zu dunklem Fleisch oder zu Wildgerichten.

Ein weiterer bedeutender Rotwein aus der südlichen Toskana ist der **Vino Nobile di Montepulciano**. Er ist ein naher Verwandter des Chianti und stammt von den Hügeln um Montepulciano in der Provinz Siena. Der Nobile wird aus Sangiovese Grosso (der hier Prugnolo Gentile genannt wird), Canaiolo Nero, den weißen Trauben Malvasia del Chianti, Trebbiano Toscano und gelegentlich kleinen Mengen Mammolo gekeltert. Das Anbaugebiet hat sandigere Böden als Montalcino und durch die Entfernung zum Meer ein kühleres Klima. Dadurch erreicht der Vino Nobile nicht ganz die Fülle eines Brunello, ist aber dennoch ein sehr eleganter Rotwein, der bestens zu Fleischgerichten passt.

Von den weniger anspruchsvollen Lagen um Montepulciano kommen der **Rosso di Montepulciano**, ein einfacher jedoch sehr delikater Rotwein, und der noch einfachere **Chianti Colli Senesi**. Beide Weine passen zu vielen Gerichten.

Südlich von Grossetto, im Hinterland der Maremma, wird ebenfalls Sangiovese Grosso angebaut. Von hier stammt der **Morellino di Scansano**, ein stattlicher Rotwein, der jedoch nicht ganz die Fülle eines Brunello erreicht.

Das kleine Dorf Bolgheri, südlich von Pisa, ist die Heimat des berühmten **Sassicaia**. Er wird ausschließlich aus Cabernet-Franc- und Cabernet-Sauvignon-Trauben gekeltert – Sorten, die eigentlich für die Toskana eher untypisch sind. Der Sassicaia ist ein üppiger, lange lagerfähiger Wein, der schnell Nachahmer gefunden hat, wobei insbesondere der **Ornellaia** zu erwähnen ist. Beide Weine sind relativ teuer und seit 1994 als DOC-Weine eingestuft. Aus dem gleichen Anbaugebiet stammt auch der **Bolgheri Rosso**, der sowohl aus Cabernet-Sauvignon- und Merlot-Trauben als auch aus Sangiovese-Trauben gekeltert wird.

Unter den Weißweinen der Toskana zählt der **Vernaccia di San Gimignano** zu den besten. Die Vernaccia-Traube gedeiht im Chiantigebiet; der Wein hat eine goldgelbe Farbe, ist leicht herb, trocken und passt hervorragend zu Vorspeisen und Fischgerichten.

Ebenfalls perfekt zu Fisch passen **Bianco Vergine della Valdichiana** sowie **Galestro**, eine neuere leichte Weinsorte aus dem Chiantigebiet. Diese eher preiswerten Weine werden vor allem im Sommer gern getrunken.

Zum Schluss möchte ich Ihnen noch eine besondere Spezialität vorstellen: den **Vin Santo**. Ursprünglich ein Bauernwein, ist er außerhalb der Toskana kaum bekannt. Seinen Namen bekam dieser Dessertwein, weil er nur an Festtagen getrunken wurde. Das hatte einen simplen Grund: Vin Santo wurde und wird auch heute nur in geringen Mengen hergestellt. Er wird meist aus weißen Trebbiano- oder Malvasia-Trauben erzeugt, die auf Strohmatten zum Trocknen ausgelegt werden. Die Mostausbeute beträgt nur etwa 40 bis 50 Prozent, entsprechend hoch ist der Zuckeranteil. Vergoren wird der Vin Santo traditionell in kleinen Holzfässern, den *caratelli,* die auf dem Dachboden gelagert werden. Unter dem Dach deshalb, weil der Temperaturunterschied zwischen Sommer und Winter unbedingt zur Reifung benötigt wird. In der Winterkälte kommt die Fermentation zum Stillstand, in der Hitze des Sommers vermehren sich die Hefen. Oxidation ist dabei ein entscheidender Vorgang des Reifeprozesses. Ein guter Vin Santo kann durchaus die Finesse eines alten Portweins erreichen: Er ist edelsüß, hat eine bernsteingelbe Farbe und ein intensives Bukett. Vin Santo wird gern zum Dessert, insbesondere zu *biscottini di Prato* (auch bekannt als *Cantucci)*, doppelt gebackenen, harten Mandelkeksen, gereicht. Das Gebäck wird vor dem Verzehr in den Wein getunkt.

Neben den berühmten toskanischen Weinen gibt es noch eine ganze Reihe so genannter *vini da tavola* (Tischweine), die oft von beachtlicher Qualität sind und in allen Gegenden der Toskana aus unterschiedlichen Rebzusammensetzungen angeboten werden. Diese Weine stehen in der Regel den klassifizierten DOCG- oder DOC-Weinen in nichts nach und passen sich jeder Mahlzeit harmonisch an.

BROLIO
MODUS
BOSCHI
SALVIATI

Antipasti
Vorspeisen

Neben *Crostini* oder *Bruschette,* gerösteten Brotscheiben mit unterschiedlichen Belägen, gelten Schinken und verschiedene Salamisorten, *Affettato misto*, als Klassiker der toskanischen Vorspeisen. Dazu vielleicht ein paar Oliven, etwas in Öl eingelegtes oder frisch gegrilltes Gemüse. Speziell an der Küste gibt es dazu noch einige besondere Vorspeisen mit Meeresfrüchten oder Fisch. In der ganzen Toskana beliebt ist *Frittata*, ein Eierkuchen, der mit dem jeweiligen Gemüse der Saison zubereitet und sowohl kalt als auch lauwarm gegessen wird. In diesem Kapitel stelle ich Ihnen einige der klassischen Rezepte vor. Lassen Sie sich inspirieren – Abwandlungen sind nach Jahreszeit, Lust und Laune jederzeit möglich!

Crostini con fegatini di pollo e milza

Crostini mit Hühnerleber und Milz

Für 6 Portionen
2 mittelgroße Zwiebeln
3 Hühnerlebern
250 g Kalbsmilz
4 EL Olivenöl
ca. 1/8 l Weißwein
2 Sardellenfilets, in Öl eingelegt
1 EL kleine Kapern
Salz · Pfeffer
etwas Hühnerbrühe nach Bedarf
6 Scheiben toskanisches Weißbrot oder 12 Scheiben Baguette

1 Die Zwiebeln schälen und fein würfeln. Die Hühnerlebern putzen und grob hacken. Die Milz häuten und ausstreichen.

2 In einem Topf das Olivenöl erhitzen und die Zwiebelwürfel darin hell andünsten. Milz und Hühnerlebern zufügen, kurz andünsten und mit dem Wein ablöschen. Sobald die Flüssigkeit verdampft ist, die grob zerteilten Sardellen und die Kapern zufügen.

3 Mit Salz und Pfeffer würzen und mit einem Holzlöffel umrühren. Sobald sich das Gemisch am Boden anlegt, etwas Brühe angießen, nochmals umrühren und 15–20 Minuten im geschlossenen Topf köcheln lassen.

4 Den Topf vom Herd nehmen, wenn die Masse etwas eingedickt ist, und die Leber-Milz-Mischung durch ein Sieb streichen oder mit dem Mixer pürieren, so dass eine dicke Creme entsteht.

5 Die Brotscheiben rösten, eventuell halbieren, mit der lauwarmen Lebercreme bestreichen und sofort servieren.

Die Leber-Milz-Paste kann in größerer Menge zubereitet und gut verschlossen im Kühlschrank einige Tage aufbewahrt werden. Vor dem Servieren sollte sie allerdings unbedingt Zimmertemperatur haben.

Crostini al mirto

Crostini mit Myrtenbeeren

Für 6 Portionen
50 g Butter
2–3 EL Olivenöl extra vergine
100 g Myrtenbeeren
Salz
sehr wenig Pfeffer
6 Scheiben toskanisches Bauernbrot oder Vollkornbrot

1 Aus der Butter, dem Olivenöl, den Myrtenbeeren, etwas Salz und Pfeffer im Mixer oder mit dem Pürierstab eine dicke Creme herstellen.

2 Die Brotscheiben leicht anrösten, halbieren und mit der Myrtencreme bestreichen. Sofort servieren.

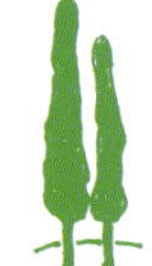

Myrte ist in der Toskana, aber auch auf Sardinien heimisch. Um Crostini mit dieser köstlich duftenden Creme herzustellen, sollten Sie am besten die frischen, süßlich-würzigen Beeren des Myrtenstrauches und nach Möglichkeit ganz frisch gepresstes Olivenöl verwenden.
Da die Creme lange haltbar ist, kann sie sehr gut auf Vorrat zubereitet werden. Am besten geben Sie die Myrtencreme in ein Schraubdeckel-Glas und bewahren sie im Kühlschrank auf. Vor dem Verzehr rechtzeitig aus dem Kühlschrank nehmen!

Diese Crostini schmecken übrigens besonders gut, wenn sie mit dunklem Brot zubereitet werden. Statt der Myrten- können Sie auch frische Wacholderbeeren verwenden.

Crostini verdi all'uovo

Grüne Crostini mit Ei

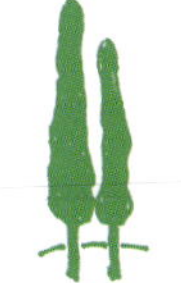

Brot hat in der Toskana immer eine ganz besondere Rolle gespielt – sowohl bei den alltäglichen Mahlzeiten als auch bei festlichen Anlässen. Und in der Tat sind Crostini ursprünglich nichts weiter als die phantasievollen Brotvariationen für Fest- und Feiertage ...

Auch diese Variante, einfach und mit simplen Zutaten hergestellt, ist ein köstlicher Auftakt zu einem festlichen Essen!

1 Die Eier hart kochen, schälen und vierteln. Die Petersilie waschen, trockenschütteln und die Stängel entfernen.
2 Die Eier mit den Petersilienblättchen, den Kapern und den Sardellen oder der Sardellenpaste sehr fein hacken.
3 Alles zusammen mit gerade so viel Mayonnaise verrühren, dass eine geschmeidige Creme entsteht.
4 Die Brotscheiben halbieren, leicht anrösten, etwas abkühlen lassen und dick mit der Eicreme bestrichen servieren.

Für 4 Portionen
2 Eier
1 großer Bund frische Petersilie
1 EL Kapern
3–4 Sardellen, in Öl eingelegt oder ca. 2 cm Sardellenpaste aus der Tube
Mayonnaise
4 Scheiben toskanisches Weißbrot

Crostini bianchi di funghi

Weiße Crostini mit Steinpilzen

1 Die Steinpilze mit einem trockenen Tuch vorsichtig säubern, den Stiel abschneiden und die Pilze in dünne Scheiben schneiden.
2 Den Knoblauch häuten, fein hacken und im heißen Öl hell anschwitzen. Sobald er Farbe annimmt, die in Scheiben geschnittenen Pilze dazugeben, salzen und bei mäßiger Hitze zugedeckt etwa 10 Minuten schmoren lassen.
3 In der Zwischenzeit die Minze waschen, trockenschütteln, die Stängel entfernen und die Blätter fein hacken. Die Kräuter unter die Pilze rühren, noch 1–2 Minuten köcheln lassen.
4 Den Topf vom Herd nehmen und die Pilzmischung mit dem Pürierstab zu einer Creme verarbeiten. Nach Belieben mit etwas Pfeffer würzen.
5 Die Brotscheiben halbieren, leicht anrösten und mit der heißen Pilzcreme bestreichen. Sofort servieren.

Für 4 Portionen
2–3 Steinpilze (die Anzahl hängt von der Größe der Pilze ab)
2 Knoblauchzehen
4 EL Olivenöl
Salz
eine Hand voll Bergminze
Pfeffer
4 Scheiben toskanisches Weißbrot

Früher hat man diese Creme im Mörser zubereitet und Puristen tun das auch heute noch. Ich selbst benutze lieber einen Pürierstab, weil ich – wie die meisten Hausfrauen heute – nicht so viel Zeit habe und es mit dem Elektrogerät einfach schneller geht.

Bergminze ist übrigens eine im Mittelmeerraum beheimatete Minzesorte mit intensivem, unverwechselbarem Geschmack. Falls Sie keine bekommen, können Sie ohne weiteres eine andere Minzesorte oder aber Petersilie verwenden.

Stuzzichini di salvia
Salbeihäppchen

Für 12 Häppchen
2 Eier · Salz · Pfeffer
24 frische Salbeiblätter
6 Sardellenfilets, in Öl eingelegt
Öl zum Frittieren

1 Die Eier mit einer Prise Salz und etwas Pfeffer gründlich verquirlen.
2 Die Salbeiblätter waschen, trockentupfen und durch die verquirlten Eier ziehen.
3 Jeweils zwischen zwei Salbeiblätter ein halbes Sardellenfilet legen, die Blätter leicht zusammendrücken, mit einem Zahnstocher fixieren und kurz in heißem Öl frittieren, bis sie knusprig sind.
4 Die frittierten Häppchen auf Küchenpapier etwas abtropfen lassen und sofort servieren.

Stuzzichini di basilico
Basilikumhäppchen

Für 12 Häppchen
2 Scheiben Mozzarella
2 Eier · Salz · Pfeffer
24 große Basilikumblätter
Öl zum Frittieren

1 Den Mozzarella in 12 etwa haselnussgroße Stückchen schneiden.
2 Die Eier mit einer Prise Salz und etwas Pfeffer gründlich verquirlen.
3 Die Basilikumblätter waschen, trockentupfen und durch die verquirlten Eier ziehen.
4 Jeweils zwischen zwei Basilikumblätter ein Stückchen Mozzarella legen, die Blätter leicht zusammendrücken, mit einem Zahnstocher fixieren und sofort kurz in heißem Öl frittieren, bis sie knusprig sind.
5 Die frittierten Häppchen auf Küchenpapier etwas abtropfen lassen und sofort servieren.

Fiori di zucca fritti
Frittierte Zucchiniblüten

Für 12 Häppchen
2 Eier · Salz
1 Prise Muskat
Pfeffer
12 Zucchiniblüten
12 TL Ricotta
Öl zum Ausbacken

1 Die Eier mit etwas Salz, Muskat und etwas Pfeffer gründlich verquirlen.
2 Die Zucchiniblüten vorsichtig waschen und trockenschütteln. Jede Blüte mit 1 TL Ricotta füllen und an der Spitze vorsichtig zudrehen. Aber Achtung: Gehen Sie zart mit den Blüten um, damit sie nicht einreißen!
3 Die gefüllten Blüten durch die verquirlten Eier ziehen und sofort in heißem Öl frittieren, bis sie knusprig sind.
4 Die frittierten Blüten kurz auf Küchenpapier abtropfen lassen und sofort servieren.

Falls Sie Zucchini im Garten haben: Verwenden Sie nur die männlichen Blüten. Zu erkennen sind sie daran, dass sie im Gegensatz zu den weiblichen einen Stiel haben. Die weiblichen Blüten dagegen sitzen direkt an der Frucht. Sie sind nicht so fest und auch nicht so schmackhaft wie die männlichen.

Wenn Sie keinen Ricotta zur Hand haben: Sie können die Blüten auch ohne Füllung frittieren. Sie schmecken in jedem Fall köstlich!

Noch heute ist der Brauch lebendig, das neue Olivenöl im Freundeskreis zu verkosten. Besonders gern genießt man es auf einer bruschetta, *geröstetem Weißbrot, das mit abgezogenem Knoblauch (etwa ½ Zehe pro Brotscheibe) eingerieben, leicht gesalzen und mit reichlich Olivenöl beträufelt gegessen wird. Neben dieser simplen Bruschetta ist auch die* bruschetta rossa *(Bruschetta mit Tomaten) ein beliebter Leckerbissen, der gerne als Vorspeise serviert wird. Dazu werden die mit Knoblauch eingeriebenen Brotscheiben mit gewürfelten Tomaten belegt, mit Salz und gehacktem Basilikum gewürzt und mit reichlich Olivenöl beträufelt.*

Daneben gibt es einige ganz besondere Variationen, die ich Ihnen hier vorstellen möchte:

Bruschetta al tartufo

Trüffel-Bruschetta

Für 4 Portionen
1–2 schöne schwarze Trüffel (je nach Größe)
4 Scheiben toskanisches Bauernbrot
3–4 EL Olivenöl
Salz · Pfeffer

1 Die Trüffel vorsichtig abwaschen und in sehr dünne Scheiben hobeln.

2 Die Brotscheiben rösten. In diesem Fall wäre es besonders schön, wenn Sie das über offenem Feuer tun könnten, am besten sogar über Olivenholz ... Aber natürlich können Sie auch für diese Bruschetta einen Toaster benutzen.

3 Inzwischen das Olivenöl in einem kleinen Topf erhitzen und die Trüffelscheiben für einige Sekunden ins heiße Öl geben.

4 Die Pilze mit dem Öl sofort auf den gerösteten Brotscheiben verteilen, leicht salzen, eventuell pfeffern und – guten Appetit!

Diese etwas luxuriöse Bruschetta ist natürlich ein besonderer Gaumenkitzel und mit Sicherheit ein voller Erfolg, wenn Sie Gäste haben.

Bruschetta alla buttera

Bruschetta mit geräuchertem Ricotta

Für 4 Portionen
4 kleine reife Tomaten
Salz · Oregano
Olivenöl
4 Knoblauchzehen
4 Scheiben geräucherter Ricotta
4 Scheiben Weißbrot

1 Die Tomaten kurz überbrühen, häuten, vierteln und entkernen, dabei die Stielansätze entfernen. Das Fruchtfleisch fein würfeln. Mit Salz und Oregano würzen, mit etwas Olivenöl beträufeln.

2 Den Knoblauch abziehen.

3 In einer Pfanne die Ricottascheiben in etwas Olivenöl erhitzen.

4 Inzwischen die Brotscheiben rösten, jede Scheibe kräftig mit Knoblauch einreiben und mit den Tomatenwürfeln belegen.

5 Den warmen Käse auf den Broten verteilen, sofort servieren.

Bruschetta rustica alle erbe

Rustikale Bruschetta mit Kräutern

Diese mit Kräutern gewürzte Bruschetta ist zwar von den Zutaten her sehr schlicht, doch die köstliche Mischung der Duft- und Geschmacksaromen macht sie zu einem echten Appetitanreger. Ihr Geschmack erinnert an heiße, sonnige Sommertage.

Kräuterbruschetta schmeckt übrigens auch gut mit frischem Rosmarin, Schnittlauch oder Bohnenkraut.

Für 4 Portionen
je ½ TL getrockneter Oregano, Thymian und Majoran
1 Prise Chilipulver
4 Scheiben toskanisches Landbrot · Salz
Olivenöl extra vergine

So wird's gemacht:
Die Kräuter mit dem Chilipulver mischen. Das Brot rösten. Auf die heißen Brotscheiben die Kräutermischung streuen, mit etwas Salz würzen und mit reichlich Olivenöl beträufeln. Sofort warm servieren.

Bruschetta alla crema di olive

Bruschetta mit Olivenpaste

Für 4 Portionen
350 g in Salz eingelegte schwarze Oliven
evtl. etwas Olivenöl extra vergine
2 Knoblauchzehen
4 Scheiben toskanisches Weißbrot

1 Die Oliven entsteinen, klein schneiden und im Mörser zu Brei zerstampfen. Falls nötig, etwas Olivenöl darunter mischen. Den Knoblauch abziehen.
2 Das Brot rösten, jede Scheibe kräftig mit Knoblauch einreiben und die Olivenpaste darauf verteilen.

Fett'unta con cavolo nero

Fett'unta mit Schwarzkohl

Cavolo nero *(Schwarzkohl) ist eine in allen Gebieten der Toskana verbreitete Kohlsorte und die Hauptzutat dieser schlichten Bruschetta-Variante. Zu Beginn des Winters – also gerade, wenn das frische Olivenöl gepresst wird – wird er überall angeboten.*

Wer nicht in der Toskana lebt und keinen Schwarzkohl bekommt, kann andere herzhafte Kohlsorten verwenden: Dem Schwarzkohl am nächsten kommt Grünkohl, aber auch Wirsing ist eine gute Alternative.

Für 4 Portionen
6–8 Stängel Schwarzkohl (180–200 g)
Salz
4 Knoblauchzehen
4 Scheiben toskanisches Landbrot
Olivenöl extra vergine

1 Den Schwarzkohl gründlich waschen und 5–8 Minuten in kochendem Salzwasser garen. Das Wasser abgießen, den Kohl abtropfen lassen, etwas ausdrücken und noch warm grob hacken. Falls Sie Grünkohl verwenden, sollte er ein wenig länger kochen.
2 Den Knoblauch häuten. Die Brotscheiben rösten, kräftig mit Knoblauch einreiben und den gehackten Kohl auf den Broten verteilen. Mit Olivenöl beträufeln, eventuell noch etwas salzen und sofort servieren.

Panzanella
Brotsalat mit Tomaten

Panzanella *(auch als* Pan molle *bezeichnet) ist ein uraltes Gericht, das früher von den Bauern mit Gemüse aus dem Garten und übrig gebliebenem Brot improvisiert wurde.*
Das nachfolgende Rezept ist das traditionelle, doch es gibt zahlreiche Variationen: Verschiedene Gemüsesorten, Thunfisch, hart gekochte Eier oder Oliven werden häufig als weitere Zutaten verwendet, um die Panzanella gehaltvoller und damit zu einer preiswerten, aber feinen Sommermahlzeit zu machen.

Es heißt, dass Bronzino, ein bekannter Florentiner Maler des 16. Jahrhunderts, die Panzanella mit folgenden Versen besungen habe:

„Vince ogni altro piacer di questa vita …
Considerate un po' s'aggiungessi basilico e ruchetta …"
(„Sie übertrifft jeden anderen Genuss in diesem Leben …
Man sollte in Erwägung ziehen, noch Basilikum und Rauke dazuzugeben …")

Es lohnt sich, das selbst auszuprobieren!

Für 6 Portionen
6 Scheiben altbackenes weißes Landbrot
2 rote Zwiebeln · 6 reife Tomaten
3 kleine Gurken
1 ½ Hand voll Basilikumblätter
evtl. etwas Rauke
1 ½ EL Weißweinessig
2–3 EL Olivenöl extra vergine
Salz · Pfeffer

1 Das Brot in nicht zu dicke Streifen schneiden und etwa 10 Minuten in kaltem Wasser einweichen. Anschließend mit den Händen sehr gut ausdrücken und in eine Salatschüssel geben.
2 Die Zwiebeln abziehen und sehr fein hacken. Die Tomaten waschen, trockentupfen, die Stielansätze entfernen und das Fruchtfleisch in Scheiben schneiden. Die Gurken schälen und ebenfalls in Scheiben schneiden. Alles zum Brot geben.
3 Das Basilikum und – wenn Sie den Rat Bronzinos befolgen möchten – ein wenig klein geschnittene Rauke hinzufügen.
4 Den Brotsalat mit dem Weinessig und dem Olivenöl beträufeln, mit Salz und Pfeffer abschmecken und gut durchmischen. Vor dem Servieren etwa 30 Minuten kühl stellen.

Trippa in insalata
Kuttelsalat

Für 6 Portionen
500 g vorgekochte Kutteln
1 Hand voll schwarze Oliven
1 ½ Bund Petersilie
2 Knoblauchzehen
Olivenöl extra vergine
Salz
frisch gemahlener Pfeffer

1 Die vorgekochten Kutteln (kann man fertig beim Metzger kaufen) in leicht gesalzenem Wasser 10 bis 15 Minuten weich garen. Abgießen, abtropfen lassen, die Kutteln diagonal in sehr dünne Streifen schneiden und in eine Schüssel geben.
2 Die Oliven entsteinen, in Scheiben schneiden und hinzufügen.
3 Die Petersilie waschen, trockenschütteln und die Stängel entfernen. Die Blätter sehr fein hacken und zu den Kutteln geben.
4 Den Knoblauch abziehen, fein hacken und ebenfalls untermischen. Alles mit Olivenöl beträufeln, mit Salz und frisch gemahlenem Pfeffer würzen und gut durchmischen.
5 Den Salat vor dem Servieren etwa 30 Minuten kühl durchziehen lassen.

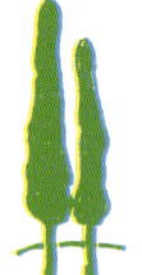

Kuttelsalat ist besonders im Sommer eine beliebte Vorspeise. Wenn Sie den Knoblauch lieber weglassen, geben Sie stattdessen in Essig eingelegtes Gemüse – zum Beispiel Artischockenherzen oder Paprika – dazu.

Vollreife, in Scheiben geschnittene Tomaten oder in dünne Ringe geschnittene Lauchzwiebeln werden ebenfalls gern unter den Salat gemischt. Anstelle der Petersilie können Sie auch Basilikum verwenden.

Wie Sie die Zutaten auch variieren: Kuttelsalat ist in jedem Fall eine sehr schmackhafte Vorspeise.

Pasta fritta o crescentine
Frittierter Hefeteig

Für 6 Portionen
¼ l Milch
50 g frische Hefe
500 g Weizenmehl
50 g Schweineschmalz oder Öl
Salz
reichlich Öl zum Frittieren

1 Die Milch leicht erwärmen, die Hefe hineinbröckeln und darin auflösen.
2 Das Mehl auf eine Arbeitsfläche sieben, eine Mulde hineindrücken und die Hefemilch, das Schmalz in Flöckchen oder das Öl sowie ein wenig Salz hineingeben. Alle Zutaten zu einem elastischen, nicht zu festen Teig verkneten.
3 Den Teig zu einer Kugel formen und etwa 1 Stunde mit einem Küchentuch bedeckt an einem warmen Ort gehen lassen.
4 Nach dem Aufgehen den Teig zu einer etwa 5 mm dicken Platte ausrollen und in Rauten oder Quadrate von 4–5 cm Kantenlänge schneiden.
5 Inzwischen in einem großen Topf das Öl erhitzen und die Teigstücke darin frittieren. Sie blähen sich auf, sobald sie mit dem heißen Öl in Berührung kommen.
6 Wenn die Teigstücke eine schöne goldgelbe Farbe angenommen haben, mit einem Schaumlöffel herausnehmen und auf Küchenpapier kurz abtropfen lassen. Sofort servieren.

Focacca o schiacciata

Fladenbrot

Für 16–20 Stück

Für den Teig:
25 g frische Hefe
ca. 1/8 l lauwarmes Wasser
700 g Weizenmehl
2 EL Olivenöl
Salz
Olivenöl zum Einfetten des Backblechs

Zum Bestreichen:
5 EL Olivenöl
1 EL Salz
1 EL Rosmarinnadeln

1 Die Hefe in das lauwarme Wasser bröseln und darin auflösen.
2 Das Mehl auf eine Arbeitsfläche sieben und eine Mulde hineindrücken. Die Hefe, das Öl und eine kräftige Prise Salz hineingeben und alles zu einem elastischen, nicht zu festen Teig verkneten.
3 Den Teig zu einer Kugel formen und 1–1 1/2 Stunden mit einem Küchentuch bedeckt an einem warmen Ort gehen lassen.
4 Anschließend den Teig auf einem eingefetteten Backblech ausrollen und mit den Fingern kleine Mulden in die Teigoberfläche drücken.
5 Den Backofen auf 200 °C vorheizen.
6 Zum Bestreichen das Olivenöl mit 1 EL Wasser und dem Salz gründlich verrühren und mit einem Backpinsel gleichmäßig auf der Teigoberfläche verstreichen. Die Rosmarinnadeln darüber streuen.
7 Das Blech auf der mittleren Schiene in den Ofen schieben und das Fladenbrot 15–20 Minuten backen. Erst schneiden, wenn die Focaccia etwas abgekühlt ist!

Focaccia *schmeckt besonders gut, wenn sie lauwarm gegessen wird. Übrigens können Sie das Fladenbrot auch variieren, indem Sie schwarze Oliven, entsteint und in Scheiben geschnitten, unter den Teig mischen oder das Fladenbrot vor dem Backen mit frisch geriebenem Parmesan statt mit Rosmarin bestreuen.*

In den Bars von Florenz wird die schiacciata *in einer süßen Variante zum Kaffee angeboten. Falls Sie diese Version probieren möchten, nehmen Sie einfach Zucker statt Salz und ersetzen den Rosmarin durch Rosinen.*

Alici sott'olio
In Öl eingelegte Sardellen

Für 4 Portionen
330 g Sardellen, in Salz eingelegt (aus dem Glas oder aus der Dose)
1 EL Essig
2 Knoblauchzehen
⅓ Bund Petersilie
1 kleine Chilischote
Olivenöl extra vergine

1 In Salz eingelegte Sardellen gibt es fertig zu kaufen. Die Fische gründlich abwaschen und entgräten, in eine Schüssel legen, mit dem Essig beträufeln und etwa 1 Stunde durchziehen lassen.
2 In der Zwischenzeit den Knoblauch abziehen, die Petersilie waschen, trockenschütteln und die Blätter von den Stängeln zupfen. Die Chilischote aufschneiden, die Kerne entfernen und alles zusammen fein hacken.
3 Die Sardellen nebeneinander auf den Boden einer kleinen Schüssel legen, mit etwas Knoblauchmischung bestreuen und eine zweite Schicht Sardellen darauf legen. Auf diese Weise fortfahren, bis alle Zutaten verbraucht sind. Die letzte Schicht sollte aus der Knoblauchmischung bestehen.
4 Zum Schluss alles mit Olivenöl bedecken und vor dem Servieren einige Zeit kühl stellen.

Acciughe al prezzemolo e limone
Sardellen mit Petersilie und Zitrone

Für 5–6 Portionen
400 g frische küchenfertige Sardellen
⅛ l Weißwein · ½ Zitrone
Saft von 1 Zitrone
Salz · frisch gemahlener Pfeffer
1 EL fein gehackte Petersilie
Olivenöl extra vergine

1 Die Sardellen unter fließendem Wasser abspülen. In einem Topf 1–1 ½ l Wasser zum Sieden bringen, den Weißwein und die in Spalten geschnittene halbe Zitrone dazugeben, die Sardellen einlegen und bei geringer Temperatur 5–10 Minuten in dem Sud ziehen lassen.
2 Anschließend die Fische mit einem Schaumlöffel herausnehmen, gut abtropfen lassen und auf einer Servierplatte anrichten.
3 Die Sardellen mit dem Zitronensaft beträufeln und mit Salz sowie frisch gemahlenem Pfeffer würzen. Mit Petersilie bestreuen und etwas Olivenöl darüber träufeln.
4 Die Sardellen vor dem Servieren einige Zeit bei Zimmertemperatur durchziehen lassen.

Arselle o telline alla livornese

Archen- oder Dreiecksmuscheln auf Livorneser Art

Für 6 Portionen
2 kg frische Archen- oder Dreiecksmuscheln (ersatzweise Venusmuscheln)
1 Zwiebel
1 großer Bund Petersilie
4 Tomaten
alternativ: 2 EL Tomatenmark
3–4 EL Olivenöl
Salz
frisch gemahlener Pfeffer
6 Scheiben toskanisches Landbrot

1 Die Muscheln unter fließendem Wasser gründlich waschen. Geöffnete oder kaputte Muscheln aussortieren und wegwerfen.

2 Die Zwiebel abziehen und fein würfeln. Die Petersilie waschen, trockenschütteln und einen kleinen Teil für die Garnitur beiseite legen. Von der restlichen Petersilie die Stängel entfernen und die Blätter grob hacken.

3 Die Tomaten kurz mit heißem Wasser überbrühen, häuten, vierteln und entkernen, dabei die Stielansätze entfernen. Das Fruchtfleisch grob würfeln.

4 In einer großen Pfanne das Olivenöl erhitzen, die Zwiebelwürfel darin hell anschwitzen und mit Salz und Pfeffer würzen. Die gehackte Petersilie untermischen und die Muscheln in die Pfanne geben. Gut umrühren! Anschließend die Tomatenwürfel (oder das mit etwas Wasser verrührte Tomatenmark) zufügen, noch einmal umrühren und die Pfanne mit einem Deckel schließen.

5 Inzwischen das Brot toasten, auf einer Servierplatte anrichten und mit der restlichen Petersilie garnieren.

6 Sobald sich die Muscheln geöffnet haben – das dauert etwa 5 Minuten –, mit dem Muschelsud über dem vorbereiteten Brot verteilen. Mit Pfeffer würzen und sofort servieren.

Ich bin sicher: Das Wasser wird Ihnen im Munde zusammenlaufen!

Es wird manchmal behauptet, dass Tomatenmark besser für dieses Gericht geeignet sei – ich persönlich verwende lieber frische Tomaten. Probieren Sie einfach aus, was Ihnen besser schmeckt.

Vongole verace in salsa d'uovo
Venusmuscheln in Eiersauce

Für 6 Portionen
2 kg frische Venusmuscheln
1 Bund Petersilie
2 Knoblauchzehen
6 EL Olivenöl
Salz
Pfeffer
6 Scheiben toskanisches Landbrot

Für die Sauce:
ca. 1/8 l Brühe (aus einem Brühwürfel)
Salz
Saft von 1 Zitrone
1 EL Mehl
2 Eigelbe

1 Die Muscheln unter fließendem Wasser gründlich waschen. Geöffnete oder kaputte Muscheln wegwerfen.
2 Die Petersilie waschen, trockenschütteln, die Stängel entfernen, die Blätter grob hacken. Den Knoblauch abziehen und in dünne Scheiben schneiden.
3 In einer Pfanne das Olivenöl erhitzen, den Knoblauch zugeben und goldgelb andünsten. Die gehackte Petersilie zufügen und alles gut vermischen.
4 Die gewaschenen Muscheln in die Pfanne geben, salzen und pfeffern, gut umrühren und zugedeckt garen. Dabei immer mal wieder an der Pfanne rütteln, damit nichts ansetzt.
5 Inzwischen das Brot rösten und auf einer vorgewärmten Servierplatte anrichten.
6 Sobald sich die Muscheln geöffnet haben, den Inhalt der Pfanne über dem Brot verteilen und warm stellen.
7 Für die Sauce die Muschelpfanne zurück auf den Herd stellen und die Brühe darin erhitzen, eventuell etwas salzen. Das mit dem Zitronensaft angerührte Mehl unterschlagen, aufkochen lassen und die Pfanne vom Herd nehmen.
8 Das Eigelb verquirlen und mit einem Schneebesen vorsichtig einrühren. Die Pfanne wieder auf den Herd stellen und die Sauce erhitzen, aber nicht mehr aufkochen lassen. Die fertige Sauce sollte die Konsistenz einer flüssigen Creme haben.
9 Die Muscheln mit der Sauce überziehen und sofort servieren.

Sie können dieses Gericht abwandeln, indem Sie die Muscheln ohne Eiersauce servieren – der berühmte Koch Artusi ist der Meinung, dass sie dann mindestens genau so gut schmecken ...

Frittata con pomodoro e basilico

Frittata mit Tomaten und Basilikum

Eine Frittata *unterscheidet sich von einem Omelett dadurch, dass die Geschmackszutaten, wie zum Beispiel Gemüse oder Käse, gleich mit den rohen Eiern vermischt und nicht als separate Füllung zu den fertig gebackenen Eierkuchen gegeben werden.*

Frittata ist eine beliebte Vorspeise, die sich auch auf einem warmen Büfett gut macht. Sie wird sowohl heiß aus der Pfanne als auch lauwarm, aber niemals eiskalt gegessen. Eine Frittata wird zum Servieren wie eine Torte aufgeschnitten.

Es gibt unzählige Variationen – lassen Sie Ihrer Phantasie freien Lauf!

Für 4–6 Portionen
500 g vollreife Tomaten
alternativ:
1 Dose geschälte Tomaten (400 g)
4 EL Olivenöl
Salz · 5 Eier
2 EL frisch geriebener Parmesan
reichlich frisches Basilikum
Pfeffer

1 Die Tomaten kurz mit heißem Wasser überbrühen, häuten, vierteln und entkernen, dabei die Stielansätze entfernen. Das Fruchtfleisch grob würfeln. Alternativ können Sie auch Dosentomaten verwenden, diese gut abtropfen lassen und ebenfalls würfeln.

2 In einer großen Pfanne das Olivenöl erhitzen, Tomaten zufügen, salzen und etwa 10 Minuten leicht köcheln lassen.

3 Die Pfanne vom Herd nehmen und die Tomaten vorsichtig aus der Pfanne heben, das Öl dabei zurücklassen. Vor der weiteren Verarbeitung die Tomaten etwas abkühlen lassen.

4 Die Eier in einer Rührschüssel verquirlen, die abgekühlten Tomaten, eventuell noch eine Prise Salz, den geriebenen Parmesan und die klein gezupften Basilikumblättchen zufügen. Mit Pfeffer würzen und alles gut vermischen.

5 Die Pfanne mit dem verbliebenen Öl erneut auf den Herd stellen, eventuell noch etwas Öl zugießen, erhitzen und die Eier-Tomaten-Mischung in die Pfanne geben. Die Hitze reduzieren, damit die Frittata nicht anbrennt.

6 Sobald die Eier zu stocken beginnen, die Frittata mit Hilfe eines Tellers wenden und fertig backen.

7 Die Frittata auf eine Kuchenplatte gleiten lassen, in Tortenstücke zerteilen und – guten Appetit!

Ich möchte Ihnen noch eine köstliche Variante der Frittata vorschlagen, die Sie besonders gut im Frühsommer zubereiten können.

Aber auch mit grünem Spargel, Artischockenherzen, blanchiertem Spinat oder Frühlingszwiebeln ist eine Frittata als leckere Vorspeise oder kleiner Imbiss stets willkommen.

Frittata con zucchine e fiori di zucca

Frittata mit Zucchini und Kürbisblüten

Für 4–6 Portionen
3 Frühlingszwiebeln
2 mittelgroße Zucchini
4 EL Olivenöl
Salz
6–8 Kürbisblüten
5 Eier
1 Prise Muskat
2 EL frisch geriebener Parmesan
Pfeffer

1 Die Zwiebeln putzen, den grünen Teil entfernen. Die Zwiebeln in sehr feine Ringe schneiden. Die Zucchini waschen, abtrocknen und in nicht zu dünne Scheiben schneiden.

2 In einer großen Pfanne das Öl erhitzen, die Zwiebeln hineingeben und hell anschwitzen. Die Zucchinischeiben hinzufügen, salzen und alles gut vermischen. Die Hitze reduzieren und alles so lange mit aufgelegtem Deckel schmoren lassen, bis die Zucchini weich und leicht gebräunt sind.

3 Das Gemüse vorsichtig aus der Pfanne nehmen, das Öl dabei zurücklassen. Vor der weiteren Verarbeitung die Zucchini-Zwiebel-Mischung etwas abkühlen lassen.

4 Inzwischen die Kürbisblüten vorsichtig waschen und trockenschütteln.

5 Die Eier in einer Rührschüssel verquirlen, das abgekühlte Gemüse, Muskat und eventuell noch eine Prise Salz sowie den geriebenen Parmesan zufügen. Mit Pfeffer würzen und alles gut vermischen. Die Kürbisblüten vorsichtig unterheben, sie sollten möglichst ganz bleiben.

6 Die Pfanne mit dem verbliebenen Öl erneut auf den Herd stellen, eventuell noch etwas Öl zugießen, erhitzen und die Eier-Gemüse-Mischung in die Pfanne geben. Die Hitze reduzieren, damit die Frittata nicht anbrennt.

7 Sobald die Eier zu stocken beginnen, die Frittata mit Hilfe eines Tellers wenden und fertig backen.

8 Die Frittata auf eine Kuchenplatte gleiten lassen, in Tortenstücke zerteilen und servieren.

Porrata

Lauchkuchen

Dieser Lauchkuchen ist meine spezielle und ganz persönliche Variante der aus dem 14. Jahrhundert überlieferten Porrea, *einer derart beliebten Speise, dass man danach sogar ein kirchliches Fest und ein traditionelles Mittagessen benannte, die beide im August in San Lorenzo/Florenz stattfanden.*

1 Die Hefe in das lauwarme Wasser bröckeln und darin auflösen.
2 Das Mehl auf eine Arbeitsfläche sieben, eine Mulde hineindrücken und die Hefe, das Ei, das Öl sowie ein wenig Salz hineingeben. Alle Zutaten zu einem elastischen, nicht zu festen Teig verkneten.
3 Den Teig zu einer Kugel formen und etwa 1 Stunde mit einem Küchentuch bedeckt an einem warmen Ort gehen lassen.
4 Inzwischen die Lauchstangen putzen, gründlich waschen und in dünne Ringe schneiden, dabei den dunkelgrünen Teil entfernen.
5 Das Öl in einer Pfanne erhitzen, die Lauchringe hineingeben, salzen und so lange zugedeckt dünsten, bis sie weich sind – das dauert 10–12 Minuten. Die Pfanne vom Herd nehmen und den Lauch abkühlen lassen.
6 Inzwischen die Eier mit etwas Salz und Pfeffer verquirlen und unter das Gemüse mischen.
7 Den Backofen auf 180 °C vorheizen.
8 Den Teig nicht zu dünn ausrollen und eine mit Butter gefettete Kuchenform (Durchmesser 26 cm) damit auskleiden, den Teigboden mehrfach mit einer Gabel einstechen.
9 Den durchwachsenen Speck in dünne Scheiben schneiden, den Teigboden damit belegen und die Lauch-Eier-Mischung darüber verteilen.
10 Die *Porrata* im Ofen auf der mittleren Schiene etwa 30 Minuten backen, herausnehmen und sofort servieren.

Für 6 Portionen

Für den Teig:
20 g frische Hefe
6 EL lauwarmes Wasser
300 g Mehl
1 Ei
4 EL Olivenöl
Salz

Für die Füllung:
800 g Lauch
4 EL Olivenöl
Salz
3 Eier
Pfeffer

Außerdem:
etwas Butter für die Kuchenform
80 g durchwachsener Speck

I.G.P.
Kg 1=
N. W158832
Fagioli Borlotti
I LEGUMI
Lenticchie
mignon
Tutto il buono dell'Orto
COLTIVAZIONE BIOLOGICA
Tesori dell'Arca
Tutto il buono
Sma

Zuppe o Minestre
Suppen

Suppen werden in der Regel als Zwischengericht, also an Stelle von Nudeln, gegessen. Einige sind jedoch so gehaltvoll, dass sie eher als komplette Mahlzeit gelten. Das gilt insbesondere für die traditionelle Livorneser Fischsuppe, die immer als Hauptmahlzeit serviert wird und im klassischen Sinne keine Suppe ist. Das Rezept dazu finden Sie daher im Kapitel Fisch. Neben den in der Toskana besonders beliebten Suppen mit Hülsenfrüchten, Nudeln, Reis oder Dinkel gibt es feine Gemüsesuppen, die je nach Jahreszeit variieren können. Ganz besonders möchte ich Ihnen jedoch die Ostersuppe empfehlen, die mit einer kräftigen Hühnerbrühe zubereitet wird und bei keinem traditionellen Osteressen fehlen darf.

Ribollita
Toskanische Gemüsesuppe

Für 4 Portionen
300 g getrocknete weiße Bohnen (vorzugsweise cannellini*)*
2 Zwiebeln
1 Knoblauchzehe
1–2 Möhren
2 Stangen Staudensellerie
½ Bund Petersilie
6 EL Olivenöl
1 Zweig Rosmarin
Salz
600–700 g Mangold
½ Kopf Wirsing
2 große Kartoffeln
200 g reife Tomaten
alternativ: eine Dose Schältomaten (250 g)
1 Prise Chilipulver
8 dünne Scheiben altbackenes Landbrot

Außerdem:
etwas Olivenöl extra vergine

1 Die weißen Bohnen über Nacht in reichlich Wasser einweichen.

2 Die Zwiebeln abziehen und fein würfeln. Den Knoblauch häuten und fein hacken. Die Möhren putzen, den Sellerie waschen und beides sehr fein würfeln. Die Petersilie waschen, trockenschütteln, die Stängel entfernen und die Blätter fein hacken.

3 In einem großen Topf das Olivenöl erhitzen und die Zwiebeln darin hell anschwitzen. Sobald sie etwas Farbe angenommen haben, den Knoblauch zufügen und ebenfalls Farbe nehmen lassen. Anschließend das Gemüse, die Petersilie und den Rosmarinzweig hinzufügen, gut umrühren und etwa 10 Minuten dünsten. Den Rosmarinzweig wieder entfernen.

4 Die eingeweichten Bohnen abgießen, abspülen und mit 1 ½ l Wasser und etwas Salz in den Topf geben. Zugedeckt 1 ½–2 Stunden leise köcheln lassen.

5 Wenn die Bohnen gar sind, etwa die Hälfte davon aus dem Topf nehmen und durch ein Sieb passieren. Anschließend das Bohnenpüree wieder zurück in den Topf geben.

6 Inzwischen den Mangold waschen und grob hacken, den Wirsing putzen und grob zerkleinern, den harten Strunk dabei entfernen. (Im Winter wird statt des Wirsings übrigens oft *cavolo nero*, siehe Seite 23, verwendet.) Die Kartoffeln schälen und grob würfeln. Die Tomaten kurz mit heißem Wasser überbrühen, häuten, vierteln und entkernen, dabei die Stielansätze entfernen. Das Fruchtfleisch würfeln. Alternativ können Sie auch Dosentomaten verwenden, diese gut abtropfen lassen und ebenfalls würfeln.

7 Das gesamte Gemüse zu den Bohnen geben und etwa 1 Stunde weiterköcheln lassen.

8 Sobald das Gemüse gar ist, die Suppe mit etwa ½ l Wasser auffüllen, mit Chilipulver würzen, eventuell noch etwas nachsalzen. Noch einmal etwa 5 Minuten köcheln lassen.

9 Vor dem Servieren zwei Brotscheiben in eine Servierschüssel legen, etwas Gemüsesuppe darauf verteilen, mit einer weiteren Schicht Brot bedecken und wieder mit Suppe auffüllen. Auf diese Weise fortfahren, bis alles Brot verbraucht ist. Zum Schluss die Schüssel mit Suppe auffüllen. Die *Ribollita* heiß servieren und jede Portion mit etwas Olivenöl beträufeln.

Ribollita *bedeutet „wieder gekocht“. Eine Bäuerin aus dem Chiantigebiet hat mir erzählt, wie die Suppe zu ihrem Namen kam: Es war früher üblich, vom Vortag übrig gebliebene gekochte Bohnen mit etwas Wasser und weiterem Gemüse zu „verlängern“. Auf diese Weise entstand eine neue Mahlzeit – eben eine wieder gekochte Suppe. Das war sehr praktisch, denn die Suppe köchelte auf dem Feuer, bis man von der Feldarbeit heimkam, und es musste nur noch Brot aufgeschnitten werden. Auf diese Weise wurden die Reste einer Ribollita oft tagelang mit immer neuen Gemüsezugaben weiter gekocht.*

In der Gegend um Pienza ist diese Suppe, leicht abgewandelt, als Brotsuppe bekannt, die klassische Ribollita hingegen ist eher im Chiantigebiet und in der Gegend um Florenz verbreitet.

Heute steht die Ribollita in fast allen Trattorien auf der Speisekarte. Zwar wurde sie früher eher als gehaltvolle Mahlzeit von der Landbevölkerung geschätzt, heutzutage hat sie ihren Ruch als Armeleuteessen jedoch verloren – und im Zeichen der wieder entdeckten einfachen Genüsse gilt sie nicht nur in bäuerlichen Familien als schmackhaftes Gericht.

Pappa al pomodoro

Dicke Tomatensuppe

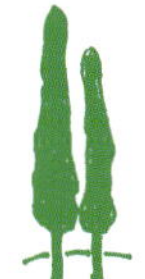

Für diese Suppe hat beinahe jede Familie ein eigenes Rezept, doch die vier Hauptzutaten sind in jedem Fall: Wasser, Öl, Brot und Tomaten. Mit viel Phantasie werden die Zutaten variiert und den jeweiligen Vorlieben angepasst. Besonders Kinder lieben dieses Gericht – ich gebe Ihnen hier die Rezeptvariante, die ich selbst schon mehrfach ausprobiert habe.

Für 6 Portionen
600 g reife Tomaten
1 Knoblauchzehe
4–5 EL Olivenöl
1 Hand voll frisches Basilikum
1 getrocknete rote Chilischote
3/4 l Fleischbrühe
Salz
Pfeffer
200–300 g altbackenes Brot

Außerdem:
etwas Olivenöl extra vergine

1 Die Tomaten kurz mit heißem Wasser überbrühen, häuten, vierteln und entkernen, dabei die Stielansätze entfernen. Das Fruchtfleisch grob würfeln. Den Knoblauch abziehen und fein hacken.
2 In einem großen Topf – am besten nehmen Sie einen feuerfesten Tontopf – das Olivenöl erhitzen und den Knoblauch hell darin andünsten. Tomaten, Basilikum und die Chilischote hinzufügen und etwa 5 Minuten im geschlossenen Topf dünsten. Anschließend die Chilischote wieder entfernen. Mit der Brühe auffüllen, salzen und pfeffern.
3 Sobald die Suppe wieder kocht, das in dünne Scheiben geschnittene Brot hineingeben und weitere 15 Minuten zugedeckt köcheln lassen. Die Suppe kräftig umrühren, damit ein dicker Brei entsteht. Den Topf vom Herd nehmen und die Suppe etwa 1 Stunde zugedeckt ruhen lassen.
4 Vor dem Servieren die Tomatensuppe wieder aufwärmen – ich mache das übrigens am liebsten im Backofen. Jede Portion mit etwas Olivenöl beträufeln.

Pappa con l'olio

Dicke Brotsuppe mit Öl

Für 4–5 Portionen
4 Knoblauchzehen
4 EL Olivenöl
500 g altbackenes Brot
1 Brühwürfel
Salz
Pfeffer

Außerdem:
Olivenöl extra vergine
frisch geriebener Parmesan

1 Den Knoblauch häuten und fein hacken. In einem Topf – ideal wäre auch hier ein feuerfester Tontopf – das Olivenöl erhitzen und den Knoblauch goldbraun darin anrösten.
2 Mit 1 1/2 l Wasser ablöschen, das in dünne Scheiben geschnittene Brot und den Brühwürfel zufügen, leicht salzen und pfeffern und zugedeckt auf kleiner Flamme etwa 20 Minuten köcheln lassen.
3 Kräftig umrühren, sodass die Suppe eine cremige Konsistenz bekommt.
4 Die heiße Suppe in tiefe Teller verteilen, jede Portion mit einem dünnen Strahl Olivenöl beträufeln und mit Parmesan bestreuen.

Um diese Suppe rankt sich mancher Volksglaube. Man sagt, sie mache schön, aber ich vermute, dass man auf diese Weise einem vorzüglichen, aber sehr einfachen Gericht zusätzlichen Wert verleihen wollte, damit es auch von Kindern gern gegessen wurde.

In der Gegend um Siena gibt es zu diesem Rezept eine interessante Variante: Man bereitet die Suppe zwar auf dieselbe Weise zu, kocht aber zusätzlich noch ein paar Tomaten mit. Beim Servieren kommt in jeden Teller ein rohes Eigelb, das mit geriebenem Parmesan vermischt wurde. Die heiße Suppe darüber, ein paar Tropfen Olivenöl – und guten Appetit.

Acqua cotta
„Gekochtes Wasser“

Acqua cotta *bedeutet „gekochtes Wasser“. Der Ursprung dieser Suppe ist darauf zurückzuführen, dass die oft tagelang von ihren Familien getrennten Hirten mit einfachsten Mitteln eine sättigende Mahlzeit zubereiten mussten. Außer Olivenöl, Brot (das mit der Zeit immer härter wurde) und Zwiebeln gab es praktisch nichts in ihrem Proviant – und so wurde aus dem Wenigen eine Suppe gekocht, die, wenn es gut ging, mit ein paar Wildkräutern angereichert werden konnte.*

Für 4 Portionen
1 Zwiebel · etwas Selleriegrün
einige Basilikumblätter
6 Tomaten
3 EL Olivenöl · Salz
4 Scheiben altbackenes Brot
1 ½ l Brühe · Pfeffer · 4 Eier

Außerdem:
frisch geriebener Parmesan
Olivenöl extra vergine

1 Die Zwiebel abziehen und fein würfeln. Selleriegrün und Basilikum hacken. Die Tomaten kurz mit heißem Wasser überbrühen, häuten, vierteln und entkernen, dabei die Stielansätze entfernen. Das Fruchtfleisch grob würfeln.
2 In einem Topf das Olivenöl erhitzen und die Zwiebeln hell darin anbraten. Sellerie und Basilikum hinzufügen, salzen, umrühren und ein paar Minuten dünsten.
3 Die Tomaten mit dem Brot in den Topf geben, die Brühe zufügen, salzen und pfeffern und alles kräftig umrühren. Auf kleiner Flamme im geschlossenen Topf etwa 45 Minuten köcheln lassen, bis sich das Brot vollständig aufgelöst hat. Nochmals kräftig umrühren, damit eine cremige Konsistenz entsteht.
4 Die Eier leicht verquirlen und in die Suppe rühren. Sobald sie gestockt sind, die heiße Suppe mit geriebenem Parmesan bestreut und mit Olivenöl beträufelt servieren.

Acqua cotta di Maremma
„Gekochtes Wasser“ aus der Maremma

Für 4 Portionen
300 g Klippfisch
100 g durchwachsener Bauchspeck
1 Zwiebel · 1 Knoblauchzehe
200 g Tomaten
300 g gemischte Kräuter (z. B. Thymian, Basilikum, Malven und Löwenzahn)
4–5 EL Olivenöl
⅛ l Rotwein
Salz · Pfeffer
3 Kartoffeln

Außerdem:
300 g altbackenes Brot
2 Knoblauchzehen
Olivenöl extra vergine

1 Den Klippfisch 24 Stunden wässern, dabei das Wasser mehrmals wechseln.
2 Den Bauchspeck fein hacken. Die Zwiebel abziehen und sehr fein würfeln. Den Knoblauch häuten und fein hacken. Die Tomaten kurz mit heißem Wasser überbrühen, häuten, vierteln und entkernen, dabei die Stielansätze entfernen. Das Fruchtfleisch grob würfeln. Die Kräuter waschen, trockenschütteln und grob hacken.
3 In einem großen Topf das Olivenöl erhitzen, den Speck und die Zwiebeln zufügen und die Zwiebeln unter Rühren glasig werden lassen. Sobald sie etwas Farbe angenommen haben, den Knoblauch zufügen und hell anschwitzen. Die Tomaten zufügen, gut umrühren und einige Minuten mit geschlossenem Deckel dünsten.
4 Die Kräuter unterrühren, 1 l Wasser und den Rotwein angießen, leicht salzen und pfeffern und alles 10–15 Minuten zugedeckt köcheln lassen. (Achtung: Seien Sie sparsam mit Salz, der Klippfisch ist schon ziemlich salzig ...)
5 Inzwischen die Kartoffeln schälen, waschen und grob würfeln. Den Klippfisch abspülen, in nicht zu kleine Stücke zerteilen und zusammen mit den Kartoffeln in die Suppe geben. Bei geringer Hitze alles etwa 1 weitere Stunde zugedeckt köcheln lassen.
6 Das Brot in dünne Scheiben schneiden, mit den abgezogenen Knoblauchzehen einreiben und in eine Schüssel legen. Die Suppe darüber gießen und mit etwas Olivenöl beträufeln.

Zuppa ripiena
„Gefüllte“ Suppe aus dem Casentino

Für 4 Portionen
je 1/4 TL getrockneter Thymian, Oregano, Majoran
einige Wacholderbeeren
200 g Tomaten
400 g altbackenes Brot
5 EL Olivenöl
Salz
1/2 Kaninchenleber
100 g Hühnerlebern
100 g Kalbsbries
1 Zwiebel
einige Salbeiblätter
Pfeffer
2 Eiweiße

1 Die getrockneten Kräuter mit den Wacholderbeeren fein hacken. Die Tomaten kurz mit heißem Wasser überbrühen, häuten, vierteln und entkernen, dabei die Stielansätze entfernen. Das Fruchtfleisch grob würfeln. Das Brot in dünne Scheiben schneiden.

2 In einem Topf 2 EL Olivenöl erhitzen und die Kräutermischung darin anschwitzen. Die Tomaten und das Brot zugeben und so viel kochend heißes Wasser angießen, dass alles gut bedeckt ist. Salzen, umrühren und zugedeckt bei geringer Temperatur so lange köcheln lassen, bis sich das Brot aufgelöst hat und die Suppe ziemlich stark eingedickt, eigentlich mehr ein Brei, ist.

3 Inzwischen die Lebern und das Bries putzen und klein schneiden. Die Zwiebel abziehen und fein würfeln.

4 In einem zweiten Topf das restliche Olivenöl erhitzen und die Zwiebelwürfel zusammen mit den Salbeiblättern kurz anbraten. Sobald die Zwiebeln glasig sind, Bries und Lebern zufügen, salzen, pfeffern und einige Minuten dünsten.

5 In die heiße Suppe mit einer kleinen Schüssel eine Vertiefung drücken und die Leber-Bries-Mischung in die Mulde füllen.

6 Das Eiweiß nicht ganz steif schlagen und über die „Füllung“ gießen. Sobald das Eiweiß gestockt ist, kann die Suppe serviert werden.

Ursprünglich galt dieses Gericht als komplette Mahlzeit, heute wird die Suppe oft als Zwischengericht serviert. Allerdings meine ich, dass es beinahe schade ist, wenn nach dieser Suppe noch ein weiterer Gang folgt …

Minestra di riso e fagioli
Gemüsesuppe mit Reis und Bohnen

Für 4 Portionen
350 g getrocknete weiße Bohnen (vorzugsweise cannellini*)*
Salz
50 g Schweinespeck
1 Zwiebel · 1 Knoblauchzehe
1 Stange Staudensellerie
1 Bund Petersilie
350 g reife Tomaten oder Schältomaten aus der Dose
4–5 EL Olivenöl
1 Prise Chilipulver
200 g Rundkornreis

Außerdem:
Olivenöl extra vergine

1 Die weißen Bohnen am Vortag in reichlich Wasser einweichen.

2 Am nächsten Tag die abgespülten, abgetropften Bohnen in einem Topf mit 2 1/2 l Wasser und etwas Salz in etwa 2 Stunden weich garen.

3 Inzwischen den Speck in feine Würfel schneiden, die Zwiebel und den Knoblauch abziehen und fein hacken. Den Sellerie waschen und fein würfeln. Petersilie waschen, trockenschütteln, die Stängel entfernen und die Blätter fein hacken.

4 Die Tomaten kurz mit heißem Wasser überbrühen, häuten, vierteln und entkernen, dabei die Stielansätze entfernen. Das Fruchtfleisch grob würfeln. Dosentomaten abtropfen lassen und ebenfalls würfeln.

5 In einem großen Topf das Olivenöl erhitzen und den Speck zusammen mit den Zwiebeln darin anbraten. Sobald die Zwiebeln Farbe angenommen haben, den Knoblauch dazugeben, den Sellerie, die Petersilie und das Chilipulver hinzufügen, alles gut umrühren und kurz anrösten, bis auch der Knoblauch etwas Farbe angenommen hat.

6 Die Tomaten zufügen, salzen und zugedeckt bei mäßiger Hitze etwa 45 Minuten köcheln lassen, dabei aufpassen, dass nicht alle Flüssigkeit verdampft – nötigenfalls etwas Wasser zufügen.
7 Die fertig gegarten Bohnen mitsamt dem Kochwasser in den Topf mit der Tomaten-Speck-Mischung geben, den Reis einstreuen und umrühren. Zugedeckt bei mäßiger Temperatur weitere 20 Minuten köcheln lassen. Die Suppe sollte am Schluss nicht zu dickflüssig sein!
8 Die heiße Suppe mit etwas Olivenöl beträufeln und sofort servieren.

Minestra di fagioli

Bohnensuppe mit Bandnudeln

Für 4 Portionen
250 g getrocknete weiße Bohnen (vorzugsweise cannellini*)*
1–2 Knoblauchzehen
1 Bund Petersilie
1 Stange Staudensellerie
250 g reife Tomaten oder Schältomaten aus der Dose
50 g Schweinespeck
4 EL Olivenöl
1 Stückchen getrocknete Chilischote · Salz
200–250 g hausgemachte Tagliatelle (Rezept siehe Seite 60)
alternativ: 200 g schmale Bandnudeln aus der Packung

Außerdem:
Olivenöl extra vergine

1 Am Vortag die weißen Bohnen in reichlich Wasser einweichen.
2 Am nächsten Tag den Knoblauch häuten und fein hacken. Die Petersilie waschen, trockenschütteln, die Stängel entfernen und die Blätter ebenfalls fein hacken. Den Sellerie waschen und möglichst fein würfeln.
3 Die Tomaten kurz mit heißem Wasser überbrühen, häuten, vierteln und entkernen, dabei die Stielansätze entfernen. Das Fruchtfleisch grob würfeln.
4 Den Speck in feine Würfel schneiden.
5 In einem großen Topf – wenn möglich, in einem feuerfesten Tontopf – das Olivenöl erhitzen, den Speck darin zusammen mit dem Knoblauch, der Chilischote und der Petersilie unter Rühren anrösten.
6 Wenn der Knoblauch etwas Farbe angenommen hat, Sellerie, Tomaten und die abgegossenen, abgetropften Bohnen zugeben. Mit 2 l Wasser aufgießen, salzen und bei geringer Hitze zugedeckt etwa 2 Stunden köcheln lassen.
7 Kurz vor Ende der Garzeit die Tagliatelle in die Suppe geben – aber achten Sie darauf, dass die Suppe nicht zu stark einkocht. Wenn nötig, noch etwas Wasser angießen.
8 Die heiße Suppe in tiefe Teller verteilen und mit Olivenöl beträufelt sofort servieren.

Ginestrata

„Ginstersuppe“

Für 4 Portionen
4 sehr frische Eigelbe
½ l entfettete Hühnerbrühe
2 cl Marsala oder Vin Santo
1 gestrichener TL Zimt
50 g Butter
Salz

Außerdem:
etwas Puderzucker
Muskat

1 In einer Schüssel das Eigelb, die Hühnerbrühe, den Marsala oder den Vin Santo und den Zimt mit einem Schneebesen verrühren. Die Mischung durch ein Sieb in einen Topf gießen.
2 Die Butter hinzufügen, mit Salz würzen und unter ständigem Rühren mit dem Schneebesen auf kleinster Flamme eindicken lassen.
3 Die heiße Suppe in Suppentassen verteilen, mit etwas Puderzucker und einer Prise geriebenem Muskat bestäuben und servieren.

Ein ausgefallenes Rezept, das in der Renaissance entstanden ist. Damals erfreuten sich die Geschmacksrichtungen süß-sauer oder süß-salzig, die heute aus der toskanischen Küche fast ganz verschwunden sind, großer Beliebtheit. Wichtig ist, dass die Eier ganz frisch und die Eidotter schön gelb sind – das Aussehen der Suppe soll an blühenden Ginster erinnern, nur so verdient sie ihren Namen.

Carabaccia

Florentiner Zwiebelsuppe

Es ist nicht endgültig erwiesen, ob die Zwiebelsuppe in Italien oder in Frankreich kreiert wurde. Fest steht, dass Zwiebeln in der Toskana schon zur Zeit der Etrusker reichlich verwendet wurden. Überliefert ist jedenfalls, dass diese Suppe bereits im 16. Jahrhundert am Hof der Herzöge des Hauses d'Este auf den Tisch kam.
Hier also das Rezept für die Carabaccia*:*

Für 6 Portionen
1 Stange Staudensellerie
1–2 Möhren
1 kg rote Zwiebeln
8 EL Olivenöl
1 ½ l Fleischbrühe (Brühwürfel)
Salz
Pfeffer

Außerdem:
6 Scheiben Weißbrot
reichlich junger Pecorino, frisch gerieben

1 Den Sellerie waschen, die Möhren schälen und beides fein hacken. Die Zwiebeln häuten und in sehr feine Scheiben schneiden.
2 In einem feuerfesten Tontopf das Olivenöl erhitzen, Sellerie und Möhren zufügen und leicht anschwitzen.
3 Die Zwiebeln dazugeben und zugedeckt bei geringer Hitze etwa 30 Minuten schmoren lassen. Dabei aufpassen, dass sich die Zwiebeln nicht am Topfboden anlegen, eventuell ein klein wenig Brühe angießen.
4 Anschließend mit der Brühe aufgießen, salzen und pfeffern und alles im geschlossenen Topf weitere 30 Minuten köcheln lassen. Am Schluss sollte die Suppe schön sämig sein.
5 Die Brotscheiben rösten, jeweils eine Scheibe in einen Suppenteller legen, mit reichlich geriebenem Käse bestreuen und die Suppe darüber gießen. Sofort servieren.

Das Osterfest wird in der Toskana traditionell mit gesegneten Ostereiern, der Ostersuppe, Lammbraten oder Kaninchen in Weißwein, Anis-Kranzkuchen und Osterfladen gefeiert.

Dazu kommt möglichst die ganze Familie zusammen und es werden Freunde zum Osterschmaus eingeladen.

Minestra pasqualina

Ostersuppe

Für 6 Portionen

Für die klare Hühnerbrühe:
500 g Hühnerklein oder Hühnerfleisch ohne Haut
2 Möhren
den grünen Teil von 1 Lauchstange
2 Stangen Staudensellerie
2 Tomaten
3 Eiweiße
Salz · Pfeffer

Für die Einlage:
6 EL Weizenmehl
6 EL geriebener Parmesan
6 Eier
etwas Muskat
Salz · Pfeffer

Außerdem:
reichlich Parmesan

1 Das Hühnerklein oder Hühnerfleisch klein hacken. Die Möhren schälen, den Lauch, den Staudensellerie und die Tomaten gründlich waschen und das ganze Gemüse grob hacken.

2 Das Fleisch mit dem Gemüse in einer großen Schüssel vermengen. Das Eiweiß steif schlagen und unter die Mischung heben.

3 Separat 1 ½ l Wasser leicht erwärmen, salzen, pfeffern und unter die Fleisch-Gemüse-Mischung in die Schüssel rühren. Anschließend alles in einen Topf umfüllen und auf kleiner Flamme langsam zum Kochen bringen, dabei mindestens 6–8 Minuten ständig kräftig umrühren.

4 Sobald Schaum aufsteigt, das Rühren einstellen, die Temperatur reduzieren und mit einem Esslöffel am Topfrand in die oben schwimmende Schicht eine Öffnung machen.

5 Die Brühe im geschlossenen Topf etwa 40 Minuten leise köcheln lassen.

6 Anschließend den Schaum mit einem Löffel entfernen, ein feinmaschiges Sieb mit einem sauberen Küchentuch auslegen und die Brühe in einen anderen Topf seihen.

7 Für die Einlage das Mehl mit dem Parmesan vermischen, die Eier und die Gewürze dazugeben und alles zu einem glatten Teig verkneten.

8 Die Brühe erneut zum Kochen bringen. Sobald sie kocht, den Teig mit den Händen durch ein Sieb mit ziemlich großen Löchern direkt in die Brühe streichen. Der Teig fällt in Form von kurzen, dünnen Strängen herab und verfestigt sich in der kochenden Brühe sofort zu kurzen Nudeln.

9 Die heiße Suppe mit frisch geriebenem Parmesan servieren.

Wenn Sie möchten, können Sie ganz junge, zarte Erbsen ein paar Minuten in der Brühe mitkochen, bevor Sie die Einlage hineinstreichen.

Unter dem Namen Passatelli *gibt es ein Rezept für eine ähnliche Suppeneinlage, die durch die Verwendung von Semmelbröseln statt Mehl allerdings ein wenig fester ist und ebenfalls gern an Festtagen serviert wird. Diese Nudeln verdanken ihren Namen der Zubereitung: Der Nudelteig wird durch ein Sieb mit relativ großen Löchern in die Brühe gestrichen, also „passiert".*

Für 4 Portionen benötigen Sie 100 g Semmelbrösel, 4 EL geriebenen Parmesan, 2 Eier, 1 ordentliche Prise Muskat, etwas abgeriebene Zitronenschale, Salz und Pfeffer. Nach Belieben außerdem noch etwa 20 g Ochsenmark. Die Zubereitung erfolgt wie oben in Schritt 7 und 8 beschrieben. Probieren Sie einfach aus, welche Nudeln Ihnen besser schmecken.

Zuppa di farro

Dinkelsuppe

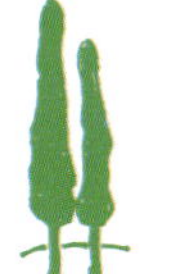

Bei den Ausgrabungsarbeiten in Pompeji kamen unter der Ascheschicht auch versteinerte Dinkelbrote zum Vorschein. In den Küchen der Römer wurde viel Dinkel verwendet, denn dieses Getreide war damals ein wichtiges Nahrungsmittel.

Für die Dinkelsuppe gilt übrigens dasselbe wie für andere Suppen – man kann sie auf unterschiedliche Arten mit verschiedenen Zutaten zubereiten. Das klassische Rezept ist jedoch dieses:

Für 6 Portionen

350 g Dinkel
1 mittelgroße Zwiebel
1 Knoblauchzehe
1 Möhre
1 Stange Staudensellerie
4–5 EL Olivenöl
Salz
1 Zweig Rosmarin

Außerdem:
evtl. frisch gemahlener Pfeffer
6 Scheiben toskanisches Landbrot
Olivenöl extra vergine

1 Den Dinkel am Vorabend in reichlich Wasser einweichen.

2 Am nächsten Tag die Zwiebel und den Knoblauch häuten und fein hacken. Die Möhre schälen, den Sellerie waschen und beides würfeln.

3 Den Dinkel abgießen und unter fließendem Wasser abspülen.

4 In einem großen Topf – schön wäre ein feuerfester Tontopf – das Olivenöl erhitzen und die Zwiebeln darin goldgelb anbraten. Sobald sie Farbe angenommen haben, Knoblauch, Möhre und Sellerie zugeben. Einige Minuten andünsten und sobald der Knoblauch Farbe angenommen hat, den Dinkel und 2 l Wasser zufügen. Salzen und zugedeckt auf kleiner Flamme etwa 1 Stunde leise köcheln lassen. Während der letzten 10 Minuten den Rosmarin mit in die Suppe geben.

5 Sobald der Dinkel weich gegart ist, den Rosmarinzweig wieder entfernen. Eventuell die Suppe mit etwas frisch gemahlenem Pfeffer würzen.

6 Das Brot rösten, mit etwas Olivenöl beträufeln und zur heißen Suppe servieren.

Wie schon erwähnt, kann die Dinkelsuppe auch mit anderen Gemüse- und Getreidearten zubereitet werden. Eine besondere Geschmacksnote erhält sie durch einige Scheiben fein gewürfelten, luftgetrockneten Speck oder Bauchspeck, der zusammen mit dem Gemüse angebraten wird. Man kann zusätzlich zum Dinkel auch weiße Bohnen (cannellini) *oder – was meines Erachtens noch besser ist – die noch kräftiger schmeckenden Borlotti-Bohnen mitgaren.*

Wer zu den echten Feinschmeckern gehört, kocht ein Schweinsfüßchen mit, bis sich das Fleisch vom Knochen ablösen lässt. Das macht die Suppe natürlich noch gehaltvoller …

Pasta e ceci
Kichererbsensuppe mit Nudeln

Für 4 Portionen
250 g getrocknete Kichererbsen
1 TL Natron
Salz
2 Tomaten
1 Knoblauchzehe
3 EL Olivenöl
1 Zweig Rosmarin
evtl. etwas heiße Brühe
250 g kurze dicke Nudeln, z. B. kurze Maccheroni

Außerdem:
Olivenöl extra vergine
frisch gemahlener Pfeffer

1 Die Kichererbsen in reichlich Wasser über Nacht einweichen. Natron und Salz mit ins Einweichwasser geben, damit die Kichererbsen außen nicht hart bleiben.
2 Am nächsten Tag die Kichererbsen abgießen und gründlich abspülen. In einem großen Topf – möglichst einem feuerfesten Tontopf – 2 l Wasser zum Kochen bringen, die Kichererbsen hineingeben, salzen und 1–1 ½ Stunden leise köcheln lassen.
3 Inzwischen die Tomaten kurz mit heißem Wasser überbrühen, häuten, vierteln und entkernen, dabei die Stielansätze entfernen. Das Fruchtfleisch fein würfeln. Den Knoblauch abziehen und hacken.
4 Sobald die Kichererbsen weich sind, die Hälfte davon durch ein Sieb passieren oder mit dem Pürierstab pürieren und beiseite stellen. Die restlichen Kichererbsen abgießen, das Kochwasser dabei auffangen.
5 Den Topf wieder aufsetzen und das Olivenöl darin erhitzen. Den Knoblauch hinzugeben und andünsten. Sobald er Farbe angenommen hat, die Tomaten und den Rosmarin zufügen.
6 Die Kichererbsen – sowohl die ganzen als auch das Püree – und das beiseite gestellte Kochwasser in den Topf geben, gut umrühren und eventuell noch einmal nachsalzen. Die Suppe sollte ziemlich dickflüssig sein. Falls sie zu sehr eingedickt ist, können Sie sie mit etwas heißer Brühe verdünnen. Die Suppe auf kleiner Flamme warm halten – aber passen Sie auf, dass sie nicht ansetzt.
7 In einem weiteren Topf die Nudeln in Salzwasser bissfest garen, abgießen und in die Suppe geben.
8 Die fertige Suppe mit einem dünnen Strahl Olivenöl beträufeln, frisch gemahlenen Pfeffer darüber streuen und sofort heiß servieren – am besten gleich in dem Tontopf, in dem sie gekocht wurde.

Zuppa con le acciughe
Sardellensuppe

Für 4 Portionen
350 g frische Sardellen
1 Zwiebel
2 Knoblauchzehen
1 Möhre
1 Stange Staudensellerie
1 Bund Petersilie
5 EL Olivenöl
500 g reife Tomaten
Salz · Pfeffer
⅛ l Weißwein

Außerdem:
4 Scheiben toskanisches Landbrot
2 Knoblauchzehen

1 Die Sardellen ausnehmen, Gräten, Kopf und Schwanz entfernen und anschließend die Fische unter fließendem Wasser gründlich waschen.
2 Die Zwiebel abziehen und fein würfeln. Den Knoblauch häuten und fein hacken. Die Möhre putzen, den Sellerie waschen und beides sehr fein würfeln. Die Petersilie waschen, trockenschütteln, die Stängel entfernen und die Blätter fein hacken.
3 In einem großen Topf das Olivenöl erhitzen und die Zwiebelwürfel darin hell anschwitzen. Den Knoblauch zufügen und ebenfalls etwas Farbe nehmen lassen. Anschließend Gemüse und Petersilie hinzufügen, kräftig umrühren und alles etwa 10 Minuten dünsten.
4 Inzwischen die Tomaten mit heißem Wasser überbrühen, häuten, vierteln und entkernen, dabei die Stielansätze entfernen. Das Fruchtfleisch würfeln, zur Gemüsemischung geben, salzen, pfeffern und alles weitere 20 Minuten dünsten. Wein und 1 l Wasser angießen.
5 Die vorbereiteten Sardellen in die Suppe geben und bei geringer Hitze etwa 10 Minuten ziehen lassen.
6 In der Zwischenzeit das Brot rösten, mit den abgezogenen Knoblauchzehen einreiben und zur Suppe servieren

Minestra con le castagne
Kastaniensuppe

Diese Suppe ist eine besondere Spezialität aus der Gegend um den Monte Amiata. Dort gibt es riesige Kastanienhaine und so ist es kein Wunder, dass – besonders im Frühherbst – Kastanien oft den Speisezettel bereichern. Für das nachstehende Rezept können Sie notfalls auf getrocknete Kastanien zurückgreifen, die müssen Sie dann allerdings vor der weiteren Verarbeitung mindestens 12 Stunden in Wasser einweichen. Frische Kastanien (oder auch vakuumverpackte, geschälte Kastanien) sind aber auf jeden Fall vorzuziehen. Eine Variante der Kastaniensuppe sieht vor, den Speck einfach wegzulassen.

Für 4 Portionen
500 g frische Kastanien
1 Stange Staudensellerie
1 mittelgroße Zwiebel
2 Knoblauchzehen
75 g durchwachsener Speck
3–4 EL Olivenöl
1 ¼ l Brühe
Salz · Pfeffer
1 Prise Fenchelsamen
1 Zweig Rosmarin
1 Tasse gekochter Reis
3–4 EL frisch geriebener, pikanter (lange gereifter) Pecorino

1 Die Kastanien etwa 15 Minuten in lauwarmem Wasser einweichen, anschließend quer über die gewölbte Seite mit einem scharfen Messer einen Einschnitt machen. Dabei darauf achten, dass das Fruchtfleisch möglichst nicht verletzt wird.
2 Die vorbereiteten Kastanien in einem Topf gut mit Wasser bedecken und 15–20 Minuten zugedeckt kochen. Abgießen und die Kastanien sofort schälen. Dabei unbedingt auch die unter der Schale liegende harte Haut entfernen.
3 Den Sellerie waschen und in dünne Scheiben schneiden. Die Zwiebel und den Knoblauch abziehen, beides fein hacken. Den Speck ebenfalls fein würfeln.
4 In einem Topf das Olivenöl erhitzen, die Zwiebeln und den Speck darin kurz anbraten. Sobald die Zwiebeln schön goldgelb sind, Sellerie und Knoblauch zufügen und ebenfalls kurz andünsten.
5 Sobald der Knoblauch etwas Farbe angenommen hat, die Kastanien in den Topf geben, die Brühe angießen, salzen, pfeffern und die Fenchelsamen sowie den Rosmarin zufügen.
6 Alles zugedeckt auf kleiner Flamme so lange köcheln lassen, bis die Kastanien vollständig zerfallen sind. Das dauert – je nachdem, wie frisch die Kastanien sind – 1–1 ½ Stunden.
7 Zwischendurch immer wieder darauf achten, dass die Suppe nicht anbrennt, eventuell noch etwas Brühe angießen!
8 Zum Schluss den Reis in die Suppe geben und den geriebenen Käse unterrühren. Sofort servieren.

Zuppa di lenticchie
Linsensuppe

Für 4 Portionen
2 Frühlingszwiebeln
2 Knoblauchzehen
1 Stange Staudensellerie
1 dünne Scheibe rigatino *(luftgetrockneter, gut durchwachsener Speck)*
3 EL Olivenöl
einige Salbeiblättchen

1 Die Frühlingszwiebeln putzen und in dünne Scheiben schneiden, dabei das letzte Drittel des grünen Teils entfernen.
2 Den Knoblauch abziehen und fein hacken. Den Sellerie waschen und in dünne Scheiben schneiden. Den Speck fein würfeln.
3 In einem großen Topf – möglichst einem feuerfesten Tontopf – das Olivenöl erhitzen und die Zwiebeln mit dem Speck darin anbraten. Sobald die Zwiebeln Farbe angenommen haben, Knoblauch, Sellerie und Salbei hinzufügen und ebenfalls ein paar Minuten anbraten.
4 Die gewaschenen Linsen sowie 1 ½ l Wasser zufügen, salzen und alles zugedeckt bei kleiner Flamme etwa 1 Stunde köcheln lassen.

5 Vor dem Servieren das Brot rösten, in eine Suppenschüssel legen und mit dem Olivenöl beträufeln.
6 Die Frühlingszwiebeln putzen und in dünne Ringe schneiden, den grünen Teil entfernen.
7 Die heiße Suppe in die Schüssel füllen, mit den Zwiebelringen und frisch gemahlenem Pfeffer bestreuen und sofort servieren.

350 g Linsen
Salz

Außerdem:
4 Scheiben toskanisches Landbrot
Olivenöl extra vergine
2 Frühlingszwiebeln
frisch gemahlener Pfeffer

Linsen können auf unterschiedliche Arten und zu vielen Gelegenheiten zubereitet werden; sie ergeben nicht nur Suppen und Eintöpfe, sondern sind auch eine leckere Beilage zu Fleischgerichten, wie beispielsweise dem Zampone *(gepökelter, mit Schweinehack gefüllter Schweinsfuß).*

Außerdem werden Linsen magische Kräfte zugeschrieben: Es heißt, dass ein zur Jahreswende verzehrtes Linsengericht Glück und Geld ins Haus bringt …

Zuppa di cardi

Kardensuppe

Karden sind ein in der Toskana sehr beliebtes Wintergemüse, das zwischen November und Februar häufig auf den Tisch kommt.

Verwendet werden nur die Blattstiele dieser artischockenähnlichen Distelpflanze. Sie werden blanchiert, gedünstet und überbacken auch gern als Beilage zu Fleisch serviert *(Rezept siehe Seite 79)*.

1 Die Karden putzen, das heißt die Blätter von den Stielen entfernen und mit einem Messer Haut und Fasern von den Stielen abschaben. Die vorbereiteten Stängel sofort mit dem Zitronensaft einreiben, damit sie nicht anlaufen, und in etwa 2 cm lange Stücke schneiden.
2 In einem Topf 1 l Wasser zum Kochen bringen, die Karden hineingeben, salzen und das Gemüse etwa 1 Stunde kochen.
3 Sobald die Karden weich sind, mit der Kochflüssigkeit durch ein Sieb passieren oder in der Küchenmaschine pürieren und beiseite stellen.
4 Inzwischen die Zwiebel abziehen und fein hacken. Den Speck fein würfeln.
5 In einem Topf das Olivenöl erhitzen und die Zwiebeln mit dem Speck darin anbraten. Sobald die Zwiebeln Farbe angenommen haben, das Kardenpüree und die Butter zugeben. Umrühren und alles weitere 20 Minuten auf kleiner Flamme köcheln lassen.
6 Kurz vor dem Servieren das Brot rösten, je eine Scheibe in einen Suppenteller legen und die Suppe darüber gießen. Mit frisch gemahlenem Pfeffer bestreuen und sofort servieren.

Für 4 Portionen
500 g Karden
Saft von 1 Zitrone
Salz
1 große Zwiebel
50 g Rückenspeck
3 EL Olivenöl
40 g Butter

Außerdem:
4 Scheiben toskanisches Landbrot
frisch gemahlener Pfeffer

TORTELLI
MAREMMANI
(RICOTTA E SPINACI)

Risotti e paste asciutte

Risotti und Nudelgerichte

Wie in ganz Italien sind auch in der Toskana Nudeln fester Bestandteil der Küche. Es gibt jedoch spezielle Rezepte, die nur hier auf diese Art zubereitet werden. So waren Spaghetti ursprünglich in der Toskana nicht sehr geschätzt. Inzwischen jedoch gibt es Spaghetti-Gerichte, die typisch für diese Region sind. Das trifft auch auf Risotti und Polenta zu, die ebenfalls gern als Zwischengerichte gegessen werden und ihren Ursprung in Norditalien haben. Und dann gibt es noch eine Spezialität, die außerhalb der Toskana gänzlich unbekannt ist: handgerollte *Pici*, eine Art dicke, weiche Spaghetti – die sollten Sie unbedingt probieren!

Es gibt ein paar einfache Regeln, um einen guten Risotto herzustellen: Zunächst werden Zwiebeln und eventuell Knoblauch in Olivenöl oder Butter leicht angedünstet, anschließend kommt der Reis hinzu. Er wird unter Rühren kurz angebraten. Manche Rezepte schreiben an dieser Stelle vor, dass der Reis mit etwas Wein abgelöscht wird. Sobald die Flüssigkeit verdampft ist, kommen die Geschmack gebenden Zutaten wie Gemüse, Fleisch oder Fisch dazu.

Aber keine Regel ohne Ausnahme: Bei einigen Rezepten brät man die Geschmackszutaten gleich mit Zwiebeln und Knoblauch an und dann erst kommt der Reis hinzu.

Anschließend wird die kochend heiße Brühe oder kochend heißes Wasser angegossen. Und an diesem Punkt scheiden sich die Geister: Eine Möglichkeit besteht darin, dass die Flüssigkeit unter ständigem Rühren nach und nach zugegeben wird; bei der anderen Variante wird die Flüssigkeit auf einmal zugegeben und der Reis saugt während der Kochzeit die gesamte Flüssigkeit auf. In den nachfolgenden Rezepten habe ich mich für die erste Möglichkeit entschieden – aber es steht Ihnen natürlich frei, es auch auf die andere Weise zu probieren.

Die Mengenangaben für die Kochflüssigkeit sind übrigens nicht absolut verbindlich, mancher Risotto benötigt etwas mehr Flüssigkeit, ein anderer weniger. Wichtig ist, dass der Risotto am Schluss weder ein dicker Brei noch so flüssig wie eine Suppe sein darf.

Wenn das Rezept Fleischbrühe vorschreibt, können Sie eine hausgemachte Brühe oder auch Brühwürfel verwenden. Je nach Geschmack und Rezept eignen sich auch Gemüse- oder Fischbrühe.

Risotto verde

Grüner Risotto

Für 4 Portionen

500 g Spinat oder Mangold
Salz
1 Zwiebel
75 g Butter
400 g Risottoreis, etwa Arborio
ca. 1 ¼ l heiße Brühe
reichlich frisch geriebener Parmesan

1 Den Spinat oder Mangold waschen, grob hacken und in reichlich Salzwasser einige Minuten blanchieren.

2 Das Gemüse gut abtropfen lassen, durch ein Sieb passieren oder in der Küchenmaschine pürieren und beiseite stellen.

3 Die Zwiebel abziehen und fein hacken.

4 In einem Topf etwa zwei Drittel der Butter schmelzen und die Zwiebelwürfel darin andünsten. Sobald sie etwas Farbe angenommen haben, den Reis zufügen und unter Rühren kurz andünsten.

5 Die Hitze stark reduzieren. Eine Schöpfkelle heiße Brühe zugeben, dabei weiterrühren. Sobald die Flüssigkeit verdampft ist, wieder eine Schöpfkelle Brühe zugießen. Auf diese Weise fortfahren, bis die ganze Brühe verbraucht ist. Wichtig ist, dass der Risotto während der gesamten Kochzeit ständig gerührt wird. Nach etwa 10 Minuten das Gemüsepüree zugeben und salzen. Insgesamt braucht der Reis etwa 20 Minuten, bis er gar ist. Am Schluss darf der Risotto nicht zu dünnflüssig, aber auch nicht zu fest sein.

6 Kurz vor dem Ende der Kochzeit die restliche Butter in den Risotto rühren. Den Topf vom Herd nehmen, den Risotto 1–2 Minuten ruhen lassen und mit Parmesan bestreut servieren.

Risotto con i carciofi

Risotto mit Artischocken

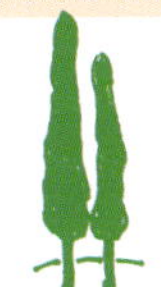

Dieser Risotto wird vor allem in der Gegend von Siena gekocht. Zur Artischockenzeit, also im Winter und zeitigen Frühjahr, kommt Artischockenrisotto dort häufig auf den Tisch.

1 Von den Artischocken die äußeren harten Blätter entfernen und wegwerfen. Von den zarteren Blättern die harten Spitzen abschneiden und ebenfalls wegwerfen. Die Stiele auf etwa 2 cm Länge kürzen und großzügig abschälen. Die vorbereiteten Artischocken längs in Scheiben schneiden und sofort in Zitronenwasser legen, damit sie sich nicht verfärben.
2 Die Zwiebel abziehen und fein hacken. Den Speck in feine Würfel schneiden.
3 In einem Topf das Öl erhitzen, Speck und Zwiebel darin anbraten. Sobald die Zwiebelwürfel Farbe angenommen haben, die abgetropften Artischockenscheiben dazugeben und kurz andünsten. Anschließend den Weißwein angießen, salzen und alles 10–15 Minuten im geschlossenen Topf dünsten.
4 Den Reis in den Topf geben, gut umrühren und die Hitze stark reduzieren. Eine Schöpfkelle heiße Brühe zugeben, dabei weiterrühren. Sobald die Flüssigkeit verdampft ist, wieder eine Schöpfkelle Brühe zugießen. Auf diese Weise fortfahren, bis die ganze Brühe verbraucht ist. Wichtig ist, dass der Risotto während der gesamten Kochzeit ständig gerührt wird. Insgesamt braucht der Reis etwa 20 Minuten, bis er gar ist. Am Schluss darf der Risotto nicht zu dünnflüssig, aber auch nicht zu fest sein.
5 Den Topf vom Herd nehmen, den Risotto 1–2 Minuten ruhen lassen, mit frisch gemahlenem Pfeffer und dem geriebenen Käse bestreuen und servieren.

Für 4 Portionen
4–6 kleine Artischocken
Saft von ½ Zitrone
1 mittelgroße Zwiebel
40 g Bauchspeck
3–4 EL Olivenöl
⅛ l Weißwein
Salz
400 g Risottoreis, etwa Arborio
ca. 1 ¼ l heiße Brühe
frisch gemahlener Pfeffer
3–4 EL frisch geriebener gereifter Pecorino

Risotto ai fiori di zucca

Risotto mit Kürbisblüten

1 Die Zwiebel abziehen und in feine Würfel schneiden. Die Kürbisblüten vorsichtig waschen, trockenschütteln und in feine Streifen schneiden. Die Minze waschen, trockenschütteln und fein hacken.
2 In einem Topf etwa zwei Drittel der Butter schmelzen und die Zwiebel darin anrösten. Sobald sie Farbe angenommen hat, die Kürbisblüten dazugeben und leicht anbraten. Mit dem Wein ablöschen und leicht salzen.
3 Nach 3–4 Minuten den Reis in den Topf geben, gut umrühren und die Hitze stark reduzieren. Eine Schöpfkelle heiße Brühe zugeben, dabei weiterrühren. Sobald die Flüssigkeit verdampft ist, wieder eine Schöpfkelle Brühe zugießen. In dieser Weise fortfahren, bis die ganze Brühe verbraucht ist. Wichtig ist, dass der Risotto während der gesamten Kochzeit ständig gerührt wird. Insgesamt braucht der Reis etwa 20 Minuten, bis er gar ist. Am Schluss darf der Risotto nicht zu dünnflüssig, aber auch nicht zu fest sein.
4 Kurz vor dem Ende der Kochzeit die restliche Butter in den Risotto rühren. Den Topf vom Herd nehmen, den Risotto 1–2 Minuten ruhen lassen, mit geriebenem Parmesan und Minze bestreuen und servieren.

Für 4 Portionen
1 Zwiebel
6–8 Kürbisblüten, ersatzweise große Zucchiniblüten
etwas Bergminze oder eine andere Minzesorte
75 g Butter
⅛ l Weißwein
Salz
400 g Risottoreis, etwa Arborio
ca. 1 ¼ l heiße Brühe
frisch geriebener Parmesan

Risotto col polpo e porcini

Risotto mit Kraken und Steinpilzen

Für 4 Portionen
½ kg kleine Kraken
30 g getrocknete Steinpilze
400 g reife Tomaten
1 Zwiebel
4 Knoblauchzehen
2 Möhren
1 Stange Staudensellerie
1 Sträußchen Petersilie
4–6 EL Olivenöl
Salz · Pfeffer
⅛ l trockener Weißwein
400 g Risottoreis, etwa Arborio
ca. 1 ¼ l heißes Wasser
60 g Butter

1 Die Kraken waschen und – falls das nicht bereits Ihr Fischhändler getan hat – die harten Beißwerkzeuge entfernen. Körper und Fangarme in 3–4 cm große Stücke schneiden.

2 Inzwischen die getrockneten Pilze etwa 20 Minuten in warmem Wasser einweichen. Anschließend abgießen, dabei die Einweichflüssigkeit auffangen. Die Pilze unter fließendem Wasser gründlich abspülen und in einem Sieb bis zur weiteren Verwendung gut abtropfen lassen.

3 Das Einweichwasser der Pilze durch ein Tuch oder ein mit Küchenpapier ausgelegtes Sieb in eine Schüssel gießen, so dass kein Sand mehr darin ist.

4 Die Tomaten kurz mit heißem Wasser überbrühen, häuten, vierteln und entkernen, dabei die Stielansätze entfernen. Das Fruchtfleisch grob würfeln.

5 Die Zwiebel abziehen und fein würfeln. Den Knoblauch häuten und fein hacken. Die Möhren putzen, den Sellerie waschen und beides sehr fein würfeln. Die Petersilie abspülen, trockenschütteln, die Stängel entfernen und die Blätter fein hacken.

6 In einem großen Topf das Olivenöl erhitzen, die Zwiebel darin hell anschwitzen. Sobald sie etwas Farbe angenommen hat, die Hälfte des Knoblauchs, die Möhren und den Sellerie zugeben, kräftig umrühren und einige Minuten schmoren lassen.

7 Die Krakenstücke dazugeben, salzen, pfeffern und mit dem Weißwein ablöschen. Die Tomaten zusammen mit den Pilzen zufügen, etwas vom Einweichwasser der Pilze angießen und im geschlossenen Topf mindestens 20 Minuten bei mittlerer Hitze köcheln lassen.

8 Anschließend den Reis in den Topf geben, gut umrühren und die Hitze stark reduzieren. Eine Schöpfkelle heißes Wasser mit dem restlichen Einweichwasser der Pilze zugeben, dabei weiterrühren. Sobald die Flüssigkeit verdampft ist, wieder eine Schöpfkelle Wasser zugießen. Auf diese Weise fortfahren, bis das ganze Wasser verbraucht ist. Wichtig ist, dass der Risotto während der gesamten Kochzeit ständig gerührt wird. Insgesamt braucht der Reis etwa 20 Minuten, bis er gar ist. Am Schluss darf der Risotto nicht zu dünnflüssig, aber auch nicht zu fest sein.

9 Die Butter in den Risotto rühren. Den Topf vom Herd nehmen und den Risotto 1–2 Minuten ruhen lassen. Vor dem Servieren mit der Petersilie und dem restlichen Knoblauch bestreuen.

Nehmen Sie unbedingt kleine Kraken, da sie zarter als die großen sind! Für dieses Rezept können Sie natürlich statt der Kraken auch polpetti, *achtarmige Tintenfische, oder* seppioline, *zehnarmige Tintenfische, verwenden.*

Risotto di tinche

Schleienrisotto

In der Gegend um den Lago di Chiusi gibt es eine ganz eigene Küche, in der die Süßwasserfische aus dem See eine große Rolle spielen. Risotto mit Schleien ist solch eine Spezialität …

Für 4–6 Portionen
2 schöne Schleien (à 300–400 g)
1 kleine Zwiebel
3 Knoblauchzehen
1 Bund Petersilie
2 große Tomaten
2 mittelgroße, fest kochende Kartoffeln
2 kleine Möhren
60 g Champignons
5 EL Olivenöl
1/4 l Weißwein
Salz
400 g Risottoreis, etwa Arborio

1 Die Fische ausnehmen und unter fließendem kaltem Wasser gründlich waschen. Kopf und Schwanz entfernen.

2 Die Zwiebel und 2 Knoblauchzehen abziehen und fein würfeln. Die Petersilie waschen, trockenschütteln, die Stängel entfernen und die Blätter fein hacken.

3 Die Tomaten kurz mit heißem Wasser überbrühen, häuten, vierteln und entkernen, dabei die Stielansätze entfernen. Das Fruchtfleisch grob würfeln. Die Kartoffeln schälen und fein würfeln. Die Möhren schälen und reiben. Die Champignons mit Küchenpapier vorsichtig säubern, von den Stielen eine dünne Scheibe abschneiden und wegwerfen. Die Pilze in Scheiben schneiden.

4 In einem großen Topf, in dem die Fische gut Platz haben, 4 EL Olivenöl erhitzen und die Zwiebel darin hell anschwitzen. Sobald sie Farbe angenommen hat, den gewürfelten Knoblauch und etwa drei Viertel der Petersilie hinzufügen. Ein paar Minuten unter Rühren dünsten, mit der Hälfte des Weins ablöschen und die Tomaten zugeben. Salzen, gut umrühren und einige Minuten weiterdünsten. Mit 1 1/2 l Wasser aufgießen und zum Kochen bringen.

5 Die Fische in den Topf legen, die Temperatur reduzieren und alles zugedeckt etwa 15 Minuten leise köcheln lassen.

6 Anschließend die Schleien mit einer Schaumkelle aus dem Topf nehmen, Haut und Gräten entfernen und die Fische mit ein wenig Kochflüssigkeit durch ein Sieb passieren. Das Fischpüree beiseite stellen. Die restliche Fischbrühe heiß halten.

7 Inzwischen in einem anderen Topf das restliche Olivenöl erhitzen und den Reis darin 2 bis 3 Minuten anschwitzen. Die Kartoffeln, Möhren und Pilze zugeben, etwas salzen, umrühren, mit dem restlichen Weißwein ablöschen, die Hitze stark reduzieren und weiterrühren.

8 Sobald die Flüssigkeit verdampft ist, eine Schöpfkelle der heißen Fischbrühe zugießen. Auf diese Weise fortfahren, bis die ganze Brühe verbraucht ist. Wichtig ist, dass der Risotto während der gesamten Kochzeit ständig gerührt wird. Insgesamt braucht der Reis etwa 20 Minuten, bis er gar ist. Am Schluss darf der Risotto nicht zu dünnflüssig, aber auch nicht zu fest sein.

9 Kurz vor dem Ende der Kochzeit die pürierten Fische unter den Risotto rühren. Den Topf vom Herd nehmen und den Risotto 1–2 Minuten ruhen lassen.

10 Den restlichen Knoblauch abziehen und sehr fein hacken. Den Knoblauch und die restliche Petersilie über den Risotto streuen und sofort servieren.

Risotto di verdure delle Lunigiana
Gemüserisotto aus der Lunigiana

Für 4 Portionen
2 Salsicce *oder andere Schweinsbratwürste*
½ Zwiebel
4 kleine Artischocken
Saft von ½ Zitrone
300 g frische oder
30 g getrocknete Steinpilze
etwas Bergminze oder eine andere Minzesorte
1 EL Olivenöl
1 Tasse ausgepalte frische Erbsen
Salz
⅛ l trockener Weißwein
400 g Risottoreis, etwa Arborio
ca. 1 ½ l heiße Fleischbrühe
40 g Butter
60 g geriebener Grana oder Parmesan
frisch gemahlener Pfeffer

1 Die Schweinsbratwürste enthäuten und mit einer Gabel grob zerteilen. Die Zwiebel abziehen und fein würfeln.
2 Die Artischocken vorbereiten: Dazu die äußeren harten Blätter entfernen und wegwerfen. Von den zarteren Blättern die harten Spitzen abschneiden und ebenfalls wegwerfen. Den Stiel auf etwa 2 cm Länge kürzen und großzügig abschälen. Die vorbereiteten Artischocken der Länge nach in Scheiben schneiden und sofort in Zitronenwasser legen, damit sie sich nicht verfärben.
3 Die frischen Steinpilze mit einem Stück Küchenpapier vorsichtig säubern, von den Stielen eine dünne Scheibe abschneiden und wegwerfen. Die Pilze in Scheiben schneiden. Falls Sie getrocknete Pilze verwenden, müssen diese 20 Minuten in warmem Wasser eingeweicht und unter fließendem Wasser gründlich abgespült werden. Vor der weiteren Verwendung gut abtropfen lassen.
4 Die Minze waschen, trockenschütteln, die Blättchen abzupfen und grob hacken.
5 In einem Topf das Olivenöl erhitzen und die Zwiebelwürfel mit den Wurststückchen darin anbraten. Wenn die Zwiebelwürfel etwas Farbe angenommen haben, die abgetropften Artischockenscheiben zufügen und unter Rühren leicht anbraten.
6 Anschließend die Pilze, die Erbsen und die Minze zufügen, salzen, den Weißwein angießen und alles ein paar Minuten dünsten.
7 Sobald der Wein verdampft ist, den Reis in den Topf geben, gut umrühren und die Hitze stark reduzieren. Eine Schöpfkelle heiße Fleischbrühe zugeben, dabei weiterrühren. Sobald die Flüssigkeit verdampft ist, wieder eine Schöpfkelle Brühe zugießen. Auf diese Weise fortfahren, bis die ganze Brühe verbraucht ist. Den Risotto während der gesamten Kochzeit ständig rühren! Insgesamt braucht der Reis etwa 20 Minuten, bis er gar ist. Am Schluss darf der Risotto nicht zu dünnflüssig, aber auch nicht zu fest sein.
8 Kurz vor Ende der Kochzeit die Butter und den geriebenen Käse in den Risotto rühren. Den Topf vom Herd nehmen und den Risotto 1–2 Minuten ruhen lassen. Vor dem Servieren mit frisch gemahlenem Pfeffer bestreuen.

Pasta fatto a mano

Grundrezept für hausgemachte Nudeln

Für etwa 350 g frische Nudeln (2 Portionen als Hauptgang oder 4 Portionen als Zwischengericht)
200 g griffiges Weizenmehl oder feiner Hartweizengrieß
2 Eier
1 Prise Salz

1 Das Mehl auf eine Arbeitsplatte sieben, in die Mitte eine Mulde drücken und die leicht verquirlten Eier sowie das Salz hineingeben. Nach und nach vom Rand her gründlich mit dem Mehl vermischen.
2 Mit den Handballen kräftig durchkneten, bis ein elastischer Teig entsteht. Er sollte am Schluss nicht zu feucht sein, geben Sie eventuell noch etwas Mehl dazu.
3 Den fertigen Teig zu einer Kugel formen und mit einem feuchten Küchentuch bedeckt etwas ruhen lassen. Anschließend entweder mit dem Nudelholz dünn ausrollen oder durch eine Nudelmaschine treiben.
4 Die Teigplatten mit dem Messer oder dem entsprechenden Einsatz der Nudelmaschine in die gewünschte Form schneiden: Für Tagliatelle den Teig in 5–7 mm breite Streifen schneiden, Pappardelle sind wesentlich breiter, nämlich 20–25 mm.

Grüne Nudeln (Pasta verde) *stellen Sie her, indem Sie die Mehlmenge auf 275–300 g erhöhen und etwa 150 g tiefgekühlten oder 250 g frischen Spinat beimischen. Den Spinat blanchieren, abgießen, abtropfen lassen und sehr gut mit den Händen ausdrücken. Anschließend sehr fein hacken und zusammen mit den Eiern unter das Mehl kneten.*
Auf den folgenden Seiten finden Sie die besten Rezepte für Saucen zu hausgemachten Nudeln.

Tagliatelle con il sugo antico

Tagliatelle mit Sauce auf „antike“ Art

Für 4 Portionen
40 g Bauchspeck
1 Zwiebel
1 Hähnchenbrust
Hühnerklein von 1 Huhn
4–5 reife Tomaten
200 g gemischte Pilze, etwa Champignons, Steinpilze, Pappel-Schüpplinge
200 g Rinderhackfleisch
knapp 1/8 l Weißwein
Salz · Pfeffer
350 g frische Tagliatelle nach dem Rezept oben oder 450 g aus der Packung

1 Den Speck würfeln, die Zwiebel abziehen und fein würfeln.
2 Die Hähnchenbrust und das Hühnerklein waschen, trockentupfen und klein schneiden.
3 Die Tomaten kurz mit heißem Wasser überbrühen, häuten, vierteln und entkernen, dabei die Stielansätze entfernen. Das Fruchtfleisch grob würfeln.
4 Die Pilze mit Küchenpapier vorsichtig säubern, von den Stielen eine dünne Scheibe abschneiden und wegwerfen. Die Pilze klein schneiden.
5 In einer Pfanne den Speck auslassen und die Zwiebel darin glasig anbraten. Sobald sie Farbe angenommen hat, Hühnerbrust, Hühnerklein und Rinderhack dazugeben, kurz anbraten und mit dem Wein ablöschen.
6 Wenn der Wein verdampft ist, die Tomatenwürfel und die Pilze zugeben, salzen, pfeffern und zugedeckt ein paar Minuten auf kleiner Flamme dünsten.
7 Inzwischen die Nudeln in 2 l Salzwasser bissfest garen, abgießen und gut abtropfen lassen. Die Tagliatelle in die Pfanne geben, alles gut durchmischen und sofort servieren.

Diese Sauce wird in der Gegend von Arezzo zubereitet. Sie passt außer zu Tagliatelle auch sehr gut zu Pappardelle oder zu Cannelloni.

Tagliatelle con la ricotta

Tagliatelle mit Ricotta

Für 4 Portionen
2 EL Butter
200 g frischer Ricotta
Salz
350 g frische Tagliatelle nach dem Rezept auf Seite 60 oder 450 g aus der Packung
evtl. etwas Milch
4 EL geriebener Pecorino
frisch gemahlener Pfeffer

1 Die Butter schmelzen lassen. In einer Schüssel den Ricotta mit der Butter gut vermengen, salzen und beiseite stellen.

2 Die Tagliatelle in 2 l Salzwasser garen, abgießen und zurück in den heißen Topf geben. Den Ricotta zufügen und alles gründlich vermischen. Falls das Ganze zu trocken werden sollte, mit etwas Milch verlängern.

3 Die heißen Nudeln mit geriebenem Pecorino und frisch gemahlenem Pfeffer servieren.

Dieses Gericht ist eine Spezialität aus dem Casentino. Sie können es abwandeln, wenn Sie dem Ricotta etwas in Butter geschwenkten Spinat beimischen. Dazu 500 g frischen Spinat blanchieren, abgießen, abtropfen lassen, gut ausdrücken und grob hacken. Den Spinat in etwas Butter schwenken, abkühlen lassen und mit dem Ricotta vermischen.

Tagliatelle al sugo di coniglio

Tagliatelle mit Kaninchensauce

Für 4 Portionen
½ Kaninchen (samt Leber)
1 Zwiebel
1 Knoblauchzehe
1 Sträußchen Petersilie
1 Möhre
1 Stange Staudensellerie
6 EL Olivenöl
1 Zweig Rosmarin
knapp ¼ l Rotwein (am besten Chianti)
550 g geschälte Tomaten aus der Dose
Salz
Pfeffer
evtl. etwas Brühe
350 g frische Tagliatelle nach dem Rezept auf Seite 60 oder 450 g aus der Packung
4 EL frisch geriebener Parmesan

1 Das Kaninchenfleisch und die Leber waschen, trockentupfen und das Fleisch grob zerteilen. Die Leber fein würfeln und beiseite stellen.

2 Die Zwiebel und den Knoblauch abziehen und fein würfeln.

3 Die Petersilie waschen, trockenschütteln, die Stängel entfernen und die Blätter fein hacken. Die Möhre schälen, den Sellerie waschen und beides fein würfeln.

4 In einem großen Topf 3 EL Olivenöl erhitzen und die Zwiebelwürfel darin glasig dünsten. Sobald sie Farbe angenommen haben, den Knoblauch, das gewürfelte Gemüse, die Petersilie und den Rosmarin zufügen. Unter Rühren andünsten und warm stellen.

5 Inzwischen in einem anderen Topf das restliche Olivenöl erhitzen und die Kaninchenteile darin von allen Seiten anbraten. Mit dem Rotwein ablöschen und das Kaninchen zugedeckt auf kleiner Flamme 30–40 Minuten köcheln lassen.

6 Das Fleisch aus dem Topf nehmen, entbeinen und klein hacken.

7 Die Tomaten abgießen und grob würfeln.

8 Das gehackte Kaninchenfleisch in den Topf mit der Gemüsemischung geben, die Tomaten zufügen, salzen, pfeffern und die Leber zugeben. Das Ragout zugedeckt weitere 30 Minuten schmoren. Falls die Mischung zu trocken wird, eventuell etwas Brühe zugießen.

9 Die Nudeln in 2 l Salzwasser bissfest garen, abgießen und abwechselnd mit der heißen Sauce in eine Servierschüssel schichten. Mit dem Käse bestreuen und servieren.

Tagliatelle di mare a primavera

Tagliatelle mit Meeresfrüchten und Frühlingsgemüse

Dieses Gericht ist eine Spezialität aus der Küstengegend um Grosseto. Es schmeckt wunderbar nach Meer und Frühling und ist wirklich ein Genuss.

Sie sollten dafür möglichst frische Tagliatelle verwenden, sie verbinden sich besser mit der feinen Sauce. Die Zubereitung dieser Spezialität erscheint Ihnen vielleicht ein wenig aufwändig, aber ich versichere Ihnen: Die Mühe lohnt sich!

Für 4 Portionen
2 Knoblauchzehen
1 Bund Petersilie
2 große vollreife Tomaten
150 g ausgepalte, ganz junge, zarte Erbsen
Salz
250 g küchenfertige kleine Tintenfische ohne Tintenbeutel
350 g Miesmuscheln
150 g Garnelen
4–5 EL Olivenöl
350 g hausgemachte Tagliatelle nach dem Rezept auf Seite 60
frisch gemahlener Pfeffer

1 Den Knoblauch abziehen und fein hacken. Die Petersilie waschen, trockenschütteln, die Stängel entfernen und die Blätter fein hacken.

2 Die Tomaten kurz mit heißem Wasser überbrühen, häuten, vierteln und entkernen, dabei die Stielansätze entfernen. Das Fruchtfleisch durch ein Sieb passieren.

3 Die Erbsen in leicht gesalzenem Wasser ein paar Minuten blanchieren, abgießen und beiseite stellen.

4 Die Tintenfische unter fließendem kaltem Wasser waschen, in dünne Ringe schneiden, die Tentakel hacken.

5 Die Muscheln unter fließendem Wasser gründlich waschen und abschrubben. Geöffnete oder kaputte Muscheln wegwerfen. Die übrigen Muscheln mit etwas Wasser in einem großen Topf aufsetzen und zugedeckt bei großer Hitze ein paar Minuten kochen. Dabei den Topf hin und wieder rütteln. Sobald sich die Muscheln geöffnet haben, abgießen, die Kochflüssigkeit dabei in einer Schüssel auffangen. Noch geschlossene Exemplare wegwerfen. Das Muschelfleisch aus den Schalen lösen und beiseite legen. Die Kochflüssigkeit durch ein Tuch oder ein mit Küchenpapier ausgelegtes Sieb gießen, so dass kein Sand mehr darin ist.

6 Die Garnelen unter fließendem Wasser waschen. In einem Topf ½ l schwach gesalzenes Wasser zum Kochen bringen, die Garnelen hineingeben und etwa 3 Minuten ziehen lassen. Abgießen, schälen, dabei den schwarzen Darm entfernen und die Garnelen beiseite stellen.

7 Das Olivenöl in einer großen Pfanne erhitzen und den Knoblauch mit der Hälfte der Petersilie darin anbraten. Sobald der Knoblauch etwas Farbe angenommen hat, mit dem Muschelsud ablöschen und die Tintenfischringe mit den gehackten Tentakeln zufügen. Kurz andünsten und die passierten Tomaten zugeben. Salzen und alles zugedeckt auf kleiner Flamme 20 Minuten köcheln lassen.

8 Anschließend die Erbsen zugeben, weitere 5 Minuten köcheln lassen, danach die Garnelen und das ausgelöste Muschelfleisch zufügen. Zum Schluss die restliche Petersilie untermischen.

9 Inzwischen die Nudeln in reichlich Salzwasser bissfest garen, abgießen, gut abtropfen lassen und in die Pfanne geben. Alles gut vermengen, mit frisch gemahlenem Pfeffer bestreuen und sofort auf den Tisch bringen.

Pappardelle con l'anatra

Pappardelle mit Entenragout

In der Gegend von Arezzo wird dieses Rezept leicht abgewandelt: Man gibt die Nudeln und das Ragout schichtweise in eine gefettete Auflaufform, bestreut sie mit Butterflöckchen und reichlich geriebenem Parmesan und überbackt das Gericht im vorgeheizten Ofen bei 180 °C so lange, bis die Oberfläche eine goldgelbe Farbe angenommen hat.

Das Rezept für Entenragout kann natürlich variiert und ebenso gut mit dem Fleisch von Federwild wie Fasan, Waldschnepfe oder Wildente zubereitet werden.

Entenragout passt übrigens auch hervorragend zu Pici *(Rezept siehe Seite 66) und ist in dieser Kombination eine Spezialität aus dem Chianatal!*

Für 4 Portionen
½ kleine Ente mit Herz und Leber
1 Zwiebel
1 Möhre
1 Stange Staudensellerie
1 Sträußchen Petersilie
500 g reife Tomaten oder geschälte Tomaten aus der Dose
4 EL Olivenöl
⅛ l Rotwein
Salz · Pfeffer
¼ TL Fenchelsamen
350 g frische Pappardelle nach dem Rezept auf Seite 60 oder 450 g aus der Packung
evtl. frisch geriebener Parmesan

1 Die Ente waschen, trockentupfen und in vier Stücke zerteilen. Das Herz klein schneiden, die Leber würfeln und beiseite stellen.

2 Die Zwiebel abziehen und fein würfeln. Die Möhre schälen, den Sellerie waschen und beides ebenfalls in Würfel schneiden.

3 Petersilie waschen, trockenschütteln, die Stängel entfernen und die Blätter fein hacken.

4 Die Tomaten kurz mit heißem Wasser überbrühen, häuten, vierteln und entkernen, dabei die Stielansätze entfernen. Das Fruchtfleisch grob würfeln. Dosentomaten abtropfen lassen und ebenfalls in grobe Würfel schneiden.

5 In einem Topf das Olivenöl erhitzen und die Zwiebelwürfel darin glasig dünsten. Sobald sie etwas Farbe angenommen haben, die Möhre, den Sellerie und die Petersilie zugeben und kurz anbraten.

6 Die Entenstücke mit dem Herzen dazugeben, anbraten und mit dem Wein ablöschen. Anschließend die Tomaten zufügen, salzen und pfeffern und bei mittlerer Hitze zugedeckt etwa 1 Stunde köcheln lassen.

7 Die Ententeile aus dem Topf nehmen und entbeinen. Das Fleisch fein hacken und wieder zurück in den Topf geben. Die gewürfelte Leber und die Fenchelsamen zufügen und alles noch ein paar Minuten köcheln lassen.

8 Inzwischen die Nudeln in reichlich Salzwasser bissfest garen, abgießen, gut abtropfen lassen, unter das Entenragout mischen und sofort auf den Tisch bringen. Wenn Sie möchten, können Sie noch etwas geriebenen Parmesan über die Pappardelle streuen.

Lunghetti con ragù di fegatini

Handgerollte Eiernudeln mit Kaninchenleber

Für 4 Portionen

Für die Lunghetti:
300 g griffiges Weizenmehl
etwas Salz
2–3 Eier

Für die Sauce:
1 Zwiebel
2 Knoblauchzehen
1 Möhre
1 Stange Staudensellerie
2 vollreife Tomaten
Leber und Herz von 1 Kaninchen
3 EL Olivenöl
1/8 l Rotwein
Salz
Pfeffer

1 Das Mehl in eine Rührschüssel geben, in die Mitte eine Mulde drücken und die mit etwas Salz verquirlten Eier hineingeben. Nach und nach vom Rand her das Mehl gründlich untermischen, eventuell etwas Wasser zugeben.

2 Mit den Handballen alles gründlich durchkneten, bis ein elastischer Teig von mittelfester Konsistenz entstanden ist. Den Teig etwa 30 Minuten ruhen lassen.

3 Anschließend noch einmal kräftig durchwalken und auf einer bemehlten Arbeitsfläche etwa 2 mm dick ausrollen. Den Teig in kleine Rechtecke von etwa 5 cm Länge schneiden und die Teigstückchen mit bemehlten Händen zu langen, unregelmäßigen Nudeln rollen. Das ist zwar ein bisschen mühselig, dafür haben Sie am Schluss aber handgerollte Lunghetti ...

4 Für die Sauce die Zwiebel und den Knoblauch abziehen und fein hacken. Die Möhre schälen, den Sellerie waschen und beides fein würfeln.

5 Die Tomaten kurz mit heißem Wasser überbrühen, häuten, vierteln und entkernen, dabei die Stielansätze entfernen. Das Fruchtfleisch durch ein Sieb passieren.

6 Die Kaninchenleber und das -herz putzen und fein hacken.

7 In einer Pfanne das Olivenöl erhitzen und die Zwiebelwürfel darin hell anschwitzen. Sobald sie etwas Farbe angenommen haben, den Knoblauch, die Möhre und den Sellerie zufügen und kurz anbraten.

8 Leber und Herz zugeben, ebenfalls leicht anbraten und mit dem Wein ablöschen. Sobald die Flüssigkeit verdampft ist, die passierten Tomaten unterrühren, salzen, pfeffern und alles etwa 10 Minuten auf kleiner Flamme im geschlossenen Topf köcheln lassen.

9 Inzwischen die Nudeln in reichlich Salzwasser bissfest garen, abgießen, gut abtropfen lassen und in die Pfanne geben. Alles gut vermischen und sofort auf den Tisch bringen.

Pici

Handgerollte Spaghetti

Wenn Fremde – ob Ausländer oder Italiener aus einer anderen Region – in das Gebiet von Chiusi, Montepulciano, Pienza und in die Gegend am Monte Amiata kommen, lernen sie Pici *kennen, handgerollte Spaghetti, die in diesem Teil der Toskana sehr beliebt sind.*

Der Name pici *leitet sich von* appiccicare *(ankleben) ab und dieses Verb ist in der Tat ganz passend, um diese rustikalen Nudeln zu beschreiben – Pici werden nur aus Wasser, Mehl und Salz hergestellt und haben eine elastische, leicht klebrige Konsistenz. Man könnte meinen, dass ihre Herstellung Sache der jungen Mädchen war und man darin eher ein Spiel als eine richtige Arbeit sah ...*

Zugegeben: Die etwas weichere Konstistenz dieser Nudeln ist vielleicht nicht jedermanns Sache. Ich esse Pici sehr gern und bin der Ansicht, dass es durchaus der Mühe wert ist, sie zu probieren.

Hier also das Originalrezept:

Für 4 Portionen
400 g griffiges Weizenmehl
Salz
ca. $\frac{1}{4}$ l heißes Wasser

Außerdem:
Mehl zum Ausrollen
etwas Olivenöl zum Bestreichen

1 Das Mehl und eine kräftige Prise Salz in eine große Schüssel geben. In die Mitte eine Mulde drücken und 1–2 EL heißes Wasser hineingeben.
2 Vom Rand her das Mehl mit dem Wasser vermischen, immer wieder löffelweise Wasser zugeben, einarbeiten und alles mit den Händen sehr gut durchkneten, bis ein elastischer Teig entstanden ist.
3 Den Teig auf einer bemehlten Arbeitsfläche etwa 1 cm dick ausrollen und mit etwas Olivenöl bestreichen. Anschließend 30 Minuten ruhen lassen.
4 Nach der Ruhezeit den Teig in Streifen schneiden und mit bemehlten Händen zu langen Nudeln rollen. Den Teig dabei immer wieder etwas auseinander ziehen.
5 Die fertigen *Pici* sollten wie etwas zu dicke, unregelmäßige Spaghetti aussehen. Verzweifeln Sie nicht, wenn Ihnen das auf Anhieb nicht so gut gelingt – mit ein wenig Übung werden Sie es sicher schaffen.
6 In einem Topf reichlich Salzwasser zum Kochen bringen, die *Pici* hineingeben und in wenigen Minuten bissfest garen. Sie sind eigentlich schon fertig, wenn sie an der Wasseroberfläche schwimmen.

Zu Pici *werden – je nach Gegend – einige ganz besonderen Saucen gegessen, für die ich Ihnen nachfolgend Rezepte aufgeschrieben habe. Im Chianatal serviert man Pici übrigens gern mit Entenragout. Das Rezept dazu finden Sie auf Seite 64.*
Aber auch ein Ragout aus Hackfleisch passt ausgezeichnet zu diesen Nudeln. In beiden Fällen werden die Pici mit reichlich geriebenem Parmesan bestreut serviert.

Pici all'aglione

Pici mit Knoblauch-Tomaten-Sauce

Dieses Rezept ist ein Klassiker aus der Gegend um den Monte Amiata. Es ist sehr pikant und schmeckt wirklich köstlich – wenn man gern Knoblauch mag ... Pici all'aglione werden übrigens ohne Parmesan gegessen!

Für 4 Portionen
6 große vollreife Tomaten
6 Knoblauchzehen
4–6 EL Olivenöl
2–3 TL Tomatenmark
Salz
Pfeffer
2–3 getrocknete Chilischoten
Pici nach dem vorstehendem Rezept

1 Die Tomaten kurz mit heißem Wasser überbrühen, häuten, vierteln und entkernen, dabei die Stielansätze entfernen. Das Fruchtfleisch sehr fein würfeln oder besser noch durch ein Sieb passieren. Den Knoblauch abziehen und fein hacken.
2 In einer Pfanne das Olivenöl erhitzen, den Knoblauch darin anschwitzen. Sobald er Farbe angenommen hat, das Tomatenmark einrühren, kurz anrösten, anschließend die Tomaten zufügen, umrühren und auf kleiner Flamme 15 Minuten köcheln lassen.
3 Die Sauce salzen, pfeffern und – wenn Sie es gern pikanter mögen – mit zerbröselten Chilischoten würzen. Wenn Sie die Kerne mit verwenden, wird's richtig scharf!
4 Inzwischen die Pici in reichlich Salzwasser bissfest garen, abgießen, gut abtropfen lassen und in die Pfanne zur Knoblauch-Tomaten-Sauce geben. Alles sorgfältig vermischen und sofort servieren.

Pici con le uova di luccio

Pici mit Hechtrogen

Am Lago di Chiusi werden Pici *in der Zeit von Februar bis Ende April mit einer Sauce aus Hechtrogen serviert. Ab Anfang Mai verschwindet diese Spezialität wieder von den Speisekarten, wenn die Hechte, die sich zahlreich im See tummeln, zur Fortpflanzung bereit sind.*

Für 4 Portionen
1 Zwiebel
3 reife Tomaten
1 Sträußchen Petersilie
3 EL Olivenöl
Salz
Pfeffer nach Geschmack
1/8 l Weißwein
4–6 gehäufte EL Hechtrogen
Pici nach dem Rezept auf Seite 66

1 Die Zwiebel abziehen und fein würfeln. Die Tomaten kurz mit heißem Wasser überbrühen, häuten, vierteln und entkernen, dabei die Stielansätze entfernen. Das Fruchtfleisch grob würfeln. Die Petersilie waschen, trockenschütteln, die Stängel entfernen und die Blätter fein hacken.
2 In einer Pfanne das Olivenöl erhitzen und die Zwiebelwürfel mit der Petersilie darin anbraten. Sobald sie etwas Farbe angenommen haben, die Tomaten zugeben. Umrühren, salzen, eventuell pfeffern und alles ein paar Minuten auf kleiner Flamme köcheln lassen.
3 Mit dem Wein ablöschen und den Rogen zufügen. Eventuell mit Salz abschmecken.
4 In der Zwischenzeit die Pici in reichlich Salzwasser bissfest garen, abgießen, abtropfen lassen und zu der Sauce in die Pfanne geben. Alles gut vermischen und sofort servieren.

Pinci di Montalcino

Pinci aus Montalcino

Pinci sind nichts anderes als die zuvor beschriebenen Pici … Sie haben nur mit der Region ihren Namen geändert. Man nennt sie auch „Speise des Elends" und die Überlieferung erzählt, dass sie von Verbannten aus Siena nach Montalcino gebracht wurden.

Das klassische Ragout, mit dem man Pinci in Montalcino serviert, hat allerdings mit Elend gar nichts zu tun – ganz im Gegenteil, es handelt sich hierbei eher um ein Sonntagsgericht. Und so wird es zubereitet:

Für 4 Portionen
1 Zwiebel
1 Stange Staudensellerie
1/2 rote Chilischote
50 g luftgetrockneter Schinken
1 Salsiccia oder eine andere Schweinsbratwurst
1 Hühnerleber
3–4 EL Olivenöl
150 g Rinderhackfleisch
150 g Schältomaten aus der Dose
Salz · Pfeffer
Pici (Pinci) nach dem Rezept auf Seite 66

1 Die Zwiebel abziehen, den Sellerie waschen und beides fein hacken. Die Chilischote aufschlitzen und die Kerne entfernen.
2 Den Schinken in feine Würfel schneiden, von der Wurst die Pelle abziehen und das Innere mit einer Gabel zerpflücken. Die Leber putzen und fein hacken.
3 In einer Pfanne das Olivenöl erhitzen, die Zwiebel- und Schinkenwürfel darin anbraten. Sobald die Zwiebel Farbe angenommen hat, das Rinderhack, die Wurststückchen und die Hühnerleber zugeben und ebenfalls anbraten.
4 Nach einigen Minuten den Sellerie und die grob gehackten Tomaten mit der Flüssigkeit aus der Dose zugeben, salzen, pfeffern und die Chilischote zufügen.
5 Die Sauce 10–15 Minuten ohne Deckel auf kleiner Flamme köcheln lassen, bis sie etwas eingedickt ist.
6 Inzwischen die Nudeln in reichlich Salzwasser bissfest garen, abgießen, abtropfen lassen und in die Pfanne zur Sauce geben. Alles sehr gründlich vermischen und sofort servieren.

Gnocchi del Casentino

Gnocchi aus dem Casentino

Für 4 Portionen
500 g Spinat
Salz
2 Eier
350 g Ricotta
1 Prise Muskat
Pfeffer
etwa 2 EL Mehl
4 EL geriebener Parmesan
ca. 1 1/4 l gute Fleischbrühe

1 Den Spinat gründlich waschen, verlesen, dabei die groben Stängel entfernen und die Blätter in reichlich schwach gesalzenem Wasser 2–3 Minuten kochen.
2 Den Spinat abtropfen lassen, gut mit den Händen ausdrücken und sehr fein hacken – am besten mit der Küchenmaschine.
3 Den abgekühlten Spinat in einer großen Schüssel mit den Eiern und dem Ricotta vermischen. Mit Muskat, Pfeffer und Salz würzen und nach und nach das Mehl sowie den Parmesan zugeben. Alles zu einem glatten, nicht zu festen Teig verkneten. Sollte er zu feucht sein, geben Sie noch etwas Mehl dazu.
4 Den Teig kurz ruhen lassen, anschließend in mehrere Portionen teilen und aus jedem Teil mit bemehlten Händen eine Rolle von etwa 2 cm Durchmesser formen. Von den Rollen Portionsstücke von etwa 3 cm Länge abschneiden und zu Kugeln formen.
5 Zum Kochen für diese Gnocchi wird kein Wasser, sondern eine Fleischbrühe verwendet: Die Brühe zum Kochen bringen und die Gnocchi hineingeben. Die Temperatur zurückschalten und die Gnocchi noch 5–6 Minuten in der Brühe ziehen lassen. Die fertigen Gnocchi in der heißen Brühe servieren.

Alternativ können Sie die Gnocchi auch ohne die Brühe, stattdessen mit zerlassener Butter und reichlich frisch geriebenem Parmesan bestreut servieren.

Ravioli e tortelli con ricotta e spinaci

Hausgemachte Teigtaschen mit Ricotta-Spinat-Füllung

Für 6–8 Portionen
Für den Nudelteig:
600 g griffiges Mehl
5 kleine Eier
Salz · 1 EL Wasser

Für die Füllung:
1 kg Spinat · Salz
400 g Ricotta
200 g Parmesan
oder 50 g Pecorino und
150 g Parmesan
2 Eier · Muskat · Pfeffer

1 Das Mehl auf eine Arbeitsplatte sieben, in die Mitte eine Mulde drücken, die leicht verquirlten Eier, das Salz und das Wasser hineingeben und nach und nach vom Rand her gründlich mit dem Mehl vermischen.
2 Mit den Handballen kräftig durchkneten, bis ein elastischer Teig entsteht. Er sollte am Schluss nicht zu feucht sein, sonst müssen Sie eventuell noch etwas Mehl dazugeben.
3 Den Teig zu einer Kugel formen und mit einem feuchten Küchentuch bedeckt 20–30 Minuten ruhen lassen.
4 Inzwischen für die Füllung den Spinat gründlich waschen, verlesen und die harten Stängel entfernen. Die Blätter in reichlich Salzwasser etwa 3 Minuten blanchieren, abgießen, abtropfen lassen und mit den Händen gut ausdrücken. Mit einem schweren Messer oder in der Küchenmaschine sehr fein hacken.
5 In einer Schüssel den Käse mit den Eiern, einer Prise Muskat sowie Salz und Pfeffer verrühren. Den erkalteten Spinat zugeben und alles zu einer homogenen Masse vermischen.
6 Den Nudelteig halbieren, beide Teile sehr dünn ausrollen und mit einem Messer oder Teigrädchen in etwa 4 cm breite Streifen schneiden.

7 Im Abstand von 4 cm mit einem Teelöffel je ein Häufchen der Füllung auf einen Nudelstreifen setzen, einen zweiten Teigstreifen darüber legen und zwischen den Häufchen mit dem Teigrädchen in Quadrate schneiden. Die Ränder leicht andrücken und die Ravioli vor dem Kochen auf einem bemehlten Küchentuch kurz antrocknen lassen.

Statt Spinat können Sie auch Mangold, Borretsch oder Brennnessel verwenden. Klassisch werden Ravioli in zerlassener Butter mit Salbei und reichlich frisch geriebenem Parmesan serviert. Aber auch mit einem Fleischragout sind sie sehr beliebt.

Wenn Sie den Teig nicht in Quadrate schneiden, sondern mit einem kleinen Glas rund ausstechen, heißen die gefüllten Teigtaschen Tortelli. *In der Nähe von Florenz, in Mugello, gibt es eine Spezialität, die am Tag des heiligen Laurentius, am 10. August, zubereitet wird:* Tortelli di patate. *Dazu wird der Nudelteig statt mit Ricotta und Spinat mit einer Mischung aus gekochten Kartoffeln und Parmesan gefüllt. Für die angegebene Nudelmenge wird aus 1 kg Pellkartoffeln, 80 g Butter, Salz, Pfeffer, Muskat und 100 g geriebenem Parmesan ein Püree bereitet, mit dem die Tortelli gefüllt werden. Serviert werden sie mit zerlassener Butter und reichlich Parmesan oder einem Gemüseragout aus frischen Tomaten, Staudensellerie, einigen Möhren, Knoblauch, Petersilie und Basilikum.*

Penne gialle
Gelbe Penne

Für 4 Portionen
2 Zwiebeln
1 Möhre
ca. 50 g Bauchspeck
500 g gelbe Paprikaschoten, mild und fleischig
½ Bund Petersilie
4 EL Olivenöl
Salz · Pfeffer
350 g Penne
reichlich geriebener Pecorino

1 Die Zwiebeln abziehen und fein hacken. Die Möhre schälen und fein würfeln. Den Speck ebenfalls fein würfeln.
2 Die Paprikaschoten waschen, vierteln, die Kerne und die inneren Zwischenhäutchen entfernen, die Viertel mit einem Sparschäler abziehen und in nicht zu große Würfel schneiden.
3 Petersilie waschen, trockenschütteln, die Stängel entfernen, die Blätter sehr fein hacken.
4 In einer großen Pfanne das Olivenöl erhitzen und den Speck mit den Zwiebeln und der Möhre kurz darin anrösten. Sobald die Zwiebeln etwas Farbe angenommen haben, die Paprikawürfel zugeben, salzen, pfeffern und im geschlossenen Topf auf kleiner Flamme etwa 15 Minuten schmoren lassen. Dabei immer wieder umrühren. Die Paprikawürfel müssen am Schluss weich, dürfen aber nicht matschig sein. Kurz vor dem Ende der Garzeit die gehackte Petersilie unterrühren.
5 Inzwischen die Nudeln in reichlich Salzwasser bissfest garen, abgießen, abtropfen lassen und in der Pfanne unter die Paprikawürfel mischen. Mit geriebenem Pecorino servieren.

Crespelle alla fiorentina
Crêpes auf Florentiner Art

Für 4 Portionen

Für die Crespelle:
4 Eier
100 g griffiges Weizenmehl
Salz
knapp ¼ l Milch
30 g flüssige Butter

Für die Füllung:
300 g Spinat
2 Eier
200 g Ricotta
2 EL geriebener Parmesan
1 Prise Muskat
Salz · Pfeffer

Für die Béchamelsauce:
gut ¼ l Milch
50 g Butter
35 g Mehl
Salz
Pfeffer
1 Prise Muskat

Außerdem:
Butter zum Backen der Crêpes und für die Form
reichlich geriebener Parmesan
evtl. etwas Tomatensauce

1 Bereiten Sie zuerst den Teig für die Crespelle zu: Die Eier verquirlen und mit Mehl und Salz gründlich vermischen, anschließend die Milch und zum Schluss die geschmolzene Butter unterrühren. Alles zu einem glatten, leichten Teig verrühren, dem Sie etwa 30 Minuten Ruhe gönnen sollten.

2 Inzwischen für die Füllung den Spinat gründlich waschen, verlesen, dabei die groben Stängel entfernen und die Blätter in reichlich schwach gesalzenem Wasser 2–3 Minuten kochen. Anschließend den Spinat abtropfen lassen, gut mit den Händen ausdrücken und sehr fein hacken.

3 Den abgekühlten Spinat in einer Schüssel mit den Eiern, dem Ricotta, dem Parmesan, Muskat, Salz und Pfeffer zu einer homogenen Masse verarbeiten.

4 Den Backofen auf 180 °C vorheizen.

5 Für die Béchamelsauce die Milch in einem Topf bis knapp vor den Siedepunkt erhitzen. Inzwischen in einem anderen Topf bei schwacher Hitze die Butter zerlassen. Sobald sie vollständig geschmolzen ist, das ganze Mehl auf einmal zufügen und mit einem Holzlöffel unter ständigem Rühren etwa 2 Minuten anschwitzen. Dabei unbedingt darauf achten, dass das Mehl nicht bräunt.

6 Den Topf vom Herd nehmen und esslöffelweise die heiße Milch unterrühren. Wenn etwa die Hälfte der Milch auf diese Weise verbraucht ist, die gesamte restliche Milch zugeben und unter ständigem Rühren alles glatt rühren.

7 Den Topf zurück auf den Herd stellen, die Sauce salzen, pfeffern, mit Muskat würzen und bei weiterhin schwacher Hitze unter ständigem Rühren so lange köcheln lassen, bis eine glatte, dicke Béchamelsauce entstanden ist.

8 Jetzt können Sie die Crespelle backen: In einer mittelgroßen Pfanne etwas Butter zerlassen und ein wenig Teig hineingeben. Sofort die Pfanne hin und her drehen, damit sich der Teig gleichmäßig verteilt, und hauchdünne Crêpes backen. Die Crespelle nach kurzer Zeit einmal wenden, fertig backen und zum Abkühlen auf einen Teller legen.

9 Die fertigen Crespelle mit der Ricotta-Spinat-Füllung bestreichen, aufrollen und nebeneinander in eine ausreichend große, mit Butter eingefettete Auflaufform setzen.

10 Die Béchamelsauce darüber gießen, mit reichlich Parmesan bestreuen und im Ofen etwa 20 Minuten überbacken. Wenn Sie möchten, können Sie die Crespelle vor dem Überbacken noch mit je einem Klecks Tomatensauce garnieren.

Früher wurden in der Toskana keine Spaghetti gegessen, sie waren lange Zeit sogar ausgesprochen unbeliebt. Im Lauf der Zeit haben sie aber auch hier die Küche erobert und inzwischen gibt es einige Spaghettigerichte, die durchaus typisch für diese Region sind und durch spezielle Saucen einen „toskanischen" Geschmack erhalten ...

Im Chiantigebiet kommt beispielsweise dieses einfache Gericht sehr häufig auf den Tisch, wenn es das frisch gepresste Olivenöl gibt:

Spaghetti agliati con l'olio di frantoio

Knoblauch-Spaghetti mit Olivenöl

Für 4 Portionen
400 g Spaghetti · Salz
2–3 Knoblauchzehen
reichlich Olivenöl extra vergine
evtl. frisch geriebener Pecorino

1 Die Spaghetti in reichlich Salzwasser bissfest garen und abgießen.

2 Inzwischen den Knoblauch abziehen und eine Servierschüssel kräftig mit den Zehen einreiben.

3 Die gekochten Spaghetti in die Schüssel geben, mit reichlich frischem Olivenöl beträufeln und sofort servieren. Nach Bedarf reichen Sie dazu frisch geriebenen Pecorino.

Spaghetti con le arselle

Spaghetti mit Archenmuscheln

Für 4 Portionen
1 kg Archenmuscheln
1 großer Bund Petersilie
2–3 Knoblauchzehen
1 kleine Zwiebel
4–5 EL Olivenöl
1/8 l Weißwein
Salz
Pfeffer
400 g Spaghetti

1 Die Muscheln unter fließendem Wasser so lange gründlich waschen und abschrubben, bis kein Sand mehr zu sehen ist. Geöffnete oder kaputte Muscheln wegwerfen.

2 Die Petersilie waschen, trockenschütteln, die Stängel entfernen, die Blätter fein hacken. Den Knoblauch und die Zwiebel abziehen und fein würfeln.

3 In einem großen Topf das Olivenöl erhitzen und die Zwiebelwürfel darin anschwitzen. Sobald sie Farbe angenommen haben, Knoblauch und Petersilie zugeben und ebenfalls kurz andünsten.

4 Die Muscheln in den Topf geben und zugedeckt bei mittlerer Hitze ein paar Minuten dünsten, dabei immer wieder etwas am Topf rütteln. Sobald sich die Muscheln geöffnet haben, Weißwein angießen, salzen, pfeffern und die Flüssigkeit etwas einkochen lassen.

5 Inzwischen die Nudeln in reichlich Salzwasser bissfest garen, abgießen, abtropfen lassen und in eine vorgewärmte Servierschüssel geben. Die Muscheln mit der verbliebenen Kochflüssigkeit darüber verteilen.

Dieses Spaghettigericht ist in den sandigen Küstengebieten der Toskana eine Spezialität, da es hier besonders viele Archenmuscheln gibt. Nach der gleichen Methode können Sie Spaghetti vongole, *Spaghetti mit Venusmuscheln, zubereiten. Venusmuscheln sind fleischiger als Archenmuscheln und leben auf steinigem Meeresgrund, Sie werden also keinen oder nur wenig Sand daran finden.*

Um Livorno kommen Venusmuscheln besonders häufig vor. Hier werden Spaghetti vongole *mit Tomaten zubereitet: 2–3 reife Tomaten mit heißem Wasser überbrühen, häuten, vierteln, die Stielansätze entfernen, das Fruchtfleisch fein würfeln und ein paar Minuten mit Zwiebeln, Knoblauch und Petersilie dünsten, bevor Sie die Muscheln in den Topf geben.*

Polenta stammt ursprünglich nicht aus der Toskana, sie kommt aus Norditalien. Inzwischen wird sie längst auch in der Toskana geschätzt, vor allem als Beilage zu gebratenem und geschmortem Fleisch.

Mit weiteren Zutaten ergibt Polenta durchaus eine vollständige Mahlzeit, die oft anstelle von Nudeln gegessen wird. Ein gutes Beispiel dafür ist das folgende Rezept:

Polenta alla maremmana

Polenta auf Maremma Art

Für 4 Portionen

Für die Tomatensauce:
6 vollreife Tomaten
1 Knoblauchzehe
½ kleine Zwiebel
4 EL Olivenöl · Salz

Für die Polenta:
100 g magerer durchwachsener Speck
50 g Butter
etwas Salz
250 g gelber Maisgrieß
8 EL frisch geriebener Parmesan oder Pecorino

1 Für die Sauce die Tomaten kurz mit heißem Wasser überbrühen, häuten, vierteln und entkernen, dabei die Stielansätze entfernen. Das Fruchtfleisch sehr fein würfeln oder pürieren.
2 Den Knoblauch und die halbe Zwiebel abziehen und sehr fein hacken.
3 In einem Topf das Olivenöl erhitzen, die Zwiebelwürfel hell darin anschwitzen, Knoblauch und Tomaten zufügen, salzen und alles auf kleinster Flamme ohne Deckel köcheln lassen.
4 Inzwischen für die Polenta den Speck in feine Würfel schneiden. In einer kleinen Pfanne die Butter zerlassen und die Speckwürfel darin anbraten. Anschließend beiseite stellen.
5 In einem großen Topf 1 ½ l Wasser mit Salz zum Kochen bringen. Die Temperatur auf mittlere Hitze zurückschalten und den Maisgrieß durch die Hände in dünnem Strahl in das siedende Wasser rieseln lassen, dabei ununterbrochen mit einem Schneebesen kräftig rühren.
6 Sobald das ganze Maismehl im Wasser ist, mit einem Holzlöffel kräftig rühren, dabei immer wieder den Maisbrei vom Topfboden und den Wänden abkratzen. Nach etwa 20 Minuten die Speckwürfel untermischen, anschließend die Polenta unter ständigem Rühren in weiteren 20 Minuten fertig kochen. Kurz vor Ende der Garzeit die Hälfte des geriebenen Käses untermischen. Die Polenta sollte eine weiche Konsistenz haben, keinesfalls darf sie zu flüssig sein ...
7 Die fertige Polenta auf vier tiefe Teller verteilen, jeweils etwas Tomatensauce darüber geben und sofort mit dem restlichen Käse bestreut servieren.

Guarguaglini Ugo

Verdure e contorni

Gemüse und Beilagen

Ob als Rohkost oder Salat, sautiert, gekocht, frittiert, gegrillt, im Ofen gebacken oder in Form eines Auflaufes – Gemüse und Hülsenfrüchte werden gern und reichlich gegessen, als Beilage zu Fleisch und Fisch oder als eigenständige kleine Mahlzeit. Die Variationen sind vielfältig und Vegetarier kommen voll auf ihre Kosten, denn für Abwechslung ist zu jeder Jahreszeit gesorgt. Aus der Gegend um den Monte Amiata kommen zum Beispiel im Spätsommer herrlich aromatische Steinpilze, die auch gern – in Olivenöl mit Knoblauch und Rosmarin geschmort – als Vorspeise verzehrt werden. Einige der beliebtesten Gemüseklassiker stelle ich Ihnen hier vor.

Asparagi alla fiorentina

Spargel auf Florentiner Art

Spargel auf Florentiner Art ist eigentlich keine Beilage, sondern eher ein leichtes Gemüsegericht, das besonders im Frühjahr, wenn der erste frische Spargel auf den Markt kommt, gern gegessen wird.

Für 4 Portionen
1 ½ kg grüner Spargel
Salz
120 g Butter
frisch gemahlener Pfeffer
60 g Parmesan
4 Eier

1 Den Spargel in reichlich Salzwasser je nach Dicke in 12–15 Minuten bissfest garen, abgießen und die hellen, harten Enden abschneiden.

2 In einer Pfanne die Hälfte der Butter erhitzen, den Spargel unter Wenden einige Minuten darin dünsten und auf einer vorgewärmten Platte anrichten. Salzen, pfeffern und mit der Hälfte des geriebenen Parmesans bestreuen.

3 In der Spargelpfanne die restliche Butter erhitzen, Spiegeleier darin braten und leicht salzen. Die Eier auf den Spargel gleiten lassen, mit dem restlichen Parmesan bestreuen und sofort servieren.

Bietola all'agro

Mangold mit Zitronensaft

Für 4 Portionen
600 g Mangold
Salz
Saft von 1 Zitrone
Olivenöl extra vergine

1 Den Mangold sorgfältig waschen. Die Stängel abschneiden und in etwa 2 cm lange Stücke schneiden. Die Blätter grob zerschneiden.

2 In einem Topf reichlich Salzwasser zum Kochen bringen, zuerst die Mangoldstängel ins kochende Wasser geben, nach 10 Minuten die Blätter zufügen und weitere 6–7 Minuten kochen lassen.

3 Den Mangold abgießen, gut ausdrücken und auf eine Servierplatte geben. Mit dem Zitronensaft und reichlich Olivenöl beträufeln und sofort servieren.

Auf dieselbe Weise kann man auch Spinat (Spinaci all'agro) *zubereiten. In diesem Fall allerdings werden die harten Stiele nicht verwendet.*

Cime di rape saltata in padella

Sautierter Stängelkohl

Cime di rape *ist ein ausgesprochenes Wintergemüse; es wird zwischen Dezember und März überall in der Toskana angeboten. Der Geschmack erinnert stark an Brokkoli, mit einer leicht bitteren Note. Verwendet werden nur die zarten Blätter und die Röschen. Das Gemüse wird auch unter dem Namen Rapi angeboten.*

Für das nachfolgende Rezept kann auch Mangold (Bietola saltato) *oder Spinat* (Spinaci saltato) *verwendet werden, allerdings sollten Sie dann eine halbe Chilischote, entkernt und in feine Streifen geschnitten, mit dem Knoblauch anbraten.*

1 Den Stängelkohl waschen und die harten Teile entfernen. Die zarten Blätter und Röschen in ganz wenig Salzwasser etwa 5 Minuten kochen und abgießen.
2 Inzwischen den Knoblauch abziehen und in Scheiben schneiden.
3 In einer Pfanne das Olivenöl erhitzen und den Knoblauch kurz darin anbraten. Sobald er etwas Farbe angenommen hat, den gut abgetropften Stängelkohl zufügen, unter vorsichtigem Umrühren einige Minuten im heißen Öl erhitzen und sofort servieren.

Für 4 Portionen
600 g Stängelkohl (Rapi)
Salz
2–3 Knoblauchzehen
3 EL Olivenöl

Cardi cotti tre volte

Karden, dreifach gekocht

Karden sind ein typisches Wintergemüse, über das ich Ihnen schon im Suppen-Kapitel (siehe Seite 51) etwas erzählt habe.

Wenn Sie Karden auf die hier beschriebene Art zubereiten, können Sie sie nicht nur als Beilage, sondern auch als Zwischengericht oder anstelle einer Fleischmahlzeit servieren, dann sollten Sie die Zutatenmenge allerdings um die Hälfte erhöhen.

1 Die Karden putzen, das heißt die Blätter von den Stielen entfernen und mit einem Messer die Haut und die Fasern von den Stielen abschaben. Die vorbereiteten Stängel sofort mit Zitronensaft einreiben, damit sie nicht anlaufen, und in 3–4 cm lange Stücke schneiden.
2 Die vorbereiteten Karden in reichlich Salzwasser 45 Minuten garen, abgießen, abtropfen lassen und in Mehl wenden.
3 In einer großen Pfanne mit hohem Rand das Öl zum Frittieren erhitzen, die Karden portionsweise darin ausbacken und auf Küchenpapier etwas abtropfen lassen.
4 Inzwischen die Zwiebel abziehen und würfeln. Das Basilikum waschen, trockenschütteln und die Blätter abzupfen.
5 Die Tomaten kurz mit heißem Wasser überbrühen, häuten, vierteln und entkernen. Die Stielansätze entfernen und das Fruchtfleisch grob würfeln.
6 In einem Topf das Olivenöl erhitzen und die Zwiebelwürfel darin glasig anschwitzen. Sobald sie etwas Farbe angenommen haben, die Tomaten zufügen, salzen, pfeffern und 15 Minuten auf kleiner Flamme zugedeckt köcheln lassen.
7 Die frittierten Karden in die Sauce geben und alles weitere 10 Minuten köcheln lassen. Kurz vor dem Ende der Garzeit die Basilikumblättchen zufügen und die Karden ohne Deckel noch ein paar Minuten dünsten, bis die Sauce etwas eingekocht ist.

Für 4 Portionen
500–600 g Karden
Saft von 1 Zitrone
Salz
4 EL Mehl
Öl zum Frittieren
½ Zwiebel
1 Sträußchen Basilikum
500 g Tomaten
4 EL Olivenöl
Pfeffer

Insalata di verdure
Gemüsesalat

Dieser Salat macht zwar etwas Mühe, aber er passt hervorragend als Beilage zu einem Braten. Er muss unbedingt frisch gegessen werden und darf auf keinen Fall längere Zeit im voraus zubereitet sein. Lassen Sie sich also nicht vom Aufwand abschrecken und probieren Sie den Gemüsesalat: Er ist einfach köstlich!

Für 4 Portionen
8 Spitzen von grünem Spargel
3 Möhren
150 g fadenfreie grüne Bohnen
2 kleine Zucchini
2 kleine Artischocken
Saft von ½ Zitrone
Salz
2 fest kochende Kartoffeln
etwa 1 cm Sardellenpaste aus der Tube
4–5 EL Olivenöl extra vergine
2 EL Weinessig · Pfeffer

1 Die Spargelspitzen waschen. Die Möhren schälen. Die Bohnen waschen und die Spitzen knapp abschneiden. Die Zucchini abspülen.

2 Von den Artischocken die äußeren harten Blätter entfernen und wegwerfen. Von den zarteren Blättern die harten Spitzen abschneiden, ebenfalls wegwerfen. Den Stiel auf etwa 2 cm Länge kürzen und großzügig abschälen. Die vorbereiteten Artischocken sofort in Zitronenwasser legen, damit sie sich nicht verfärben.

3 Die Artischocken in reichlich Salzwasser 30–40 Minuten kochen, aus dem Wasser nehmen und umgedreht in ein Sieb legen, damit sie gut abtropfen können.

4 Inzwischen die Kartoffeln waschen, in reichlich Wasser gar kochen und pellen.

5 Die Möhren, die Bohnen und die Spargelspitzen getrennt in Salzwasser bissfest garen und abtropfen lassen.

6 Die Zucchini in kochendem Salzwasser 3–4 Minuten blanchieren und abtropfen lassen.

7 Das Gemüse in mundgerechte Stücke schneiden: Die Artischocken in Achtel teilen. Möhren und Zucchini in etwa 6 mm dicke Scheiben schneiden, dabei die Enden entfernen und wegwerfen. Die Kartoffeln grob würfeln und die Bohnen halbieren. Die Spargelspitzen bleiben ganz.

8 Die Sardellenpaste mit 1 EL Olivenöl glatt rühren. Das Gemüse in eine Salatschüssel geben und mit Essig, Salz, Pfeffer, dem restlichen Olivenöl und der Sardellenpaste gut vermischen. Eventuell noch einmal abschmecken und sofort servieren.

Pinzimonio
Rohkost mit Olivenöl-Dip

Rohkost ist im Sommer beliebt als Vorspeise, aber auch als erfrischender Zwischengang vor einem schweren Braten. Das Gemüse wird in den Olivenöl-Dip getunkt und mit den Fingern gegessen.

Für 4 Portionen
4–6 kleine Möhren
2 kleine Fenchelknollen
8 zarte Stangen Staudensellerie
1 rote Paprikaschote
4 Frühlingszwiebeln
2 kleine Salatgurken
reichlich Olivenöl extra vergine
Salz · frisch gemahlener Pfeffer

1 Die Möhren schälen und längs in Viertel schneiden. Vom Fenchel die äußeren Blätter entfernen, unten eine dünne Scheibe abtrennen und die Knollen in Achtel schneiden. Den Staudensellerie waschen, trockentupfen und jede Stange quer halbieren. Die Paprikaschote waschen, trockentupfen und halbieren. Die Kerne und die weißen Zwischenwände entfernen und die Hälften in 3–4 cm breite Streifen schneiden. Von den Frühlingszwiebeln die äußere Haut abziehen, den grünen Teil auf die Hälfte kürzen und die Wurzeln abschneiden. Die Salatgurken waschen, quer halbieren und die Hälften längs in Viertel schneiden.

2 Das vorbereitete Gemüse auf vier Tellern anrichten. Reichlich Olivenöl mit Salz und Pfeffer verrühren, in vier Schälchen füllen und zusammen mit dem Gemüse servieren.

Carciofi fritti
Frittierte Artischocken

Für 4 Portionen
8 kleine Artischocken
Saft von 1 Zitrone
Salz · 4 Eier
Öl zum Frittieren
weißes Mehl

Außerdem:
Salz, 1 Zitrone

1 Die Artischocken vorbereiten: Dazu die äußeren harten Blätter entfernen und wegwerfen. Von den zarteren Blättern die harten Spitzen abschneiden und ebenfalls wegwerfen. Den Stiel auf etwa 2 cm Länge kürzen und großzügig abschälen. Die vorbereiteten Artischocken in Achtel schneiden. Sofort in Zitronenwasser legen, damit sie sich nicht verfärben.

2 Wenn alle Artischocken auf diese Weise vorbereitet sind, in einem Topf Salzwasser zum Kochen bringen und die Artischockenstücke etwa 5 Minuten blanchieren. Anschließend gut abtropfen lassen.

3 Inzwischen die Eier mit etwas Salz verquirlen. In einer Pfanne mit hohem Rand reichlich Öl zum Frittieren erhitzen.

4 Die Artischocken in Mehl wenden, durch die verquirlten Eier ziehen und im heißen Öl ausbacken. Sobald sie goldgelb und knusprig sind, mit einer Schaumkelle aus der Pfanne nehmen und auf Küchenpapier abtropfen lassen. Salzen und mit Zitronenachteln servieren.

Wenn ich Artischocken mache, bereite ich immer gleich eine größere Menge vor, damit noch einige für eine Frittata con carciofi *übrig bleiben. Dazu Eier mit Salz und etwas Pfeffer verquirlen, die vorgegarten Artischockenachtel damit übergießen und eine Frittata (Rezept siehe Seite 34) zubereiten.*

Carciofi al forno
Gebackene Artischocken

Für 4 Portionen
8 kleine Artischocken
Saft von 1 Zitrone
Salz
1 Sträußchen Petersilie, Thymian oder Bergminze
2 Knoblauchzehen
1 Scheibe durchwachsener Speck
Pfeffer
6 EL Olivenöl

1 Die Artischocken wie im vorhergehenden Rezept putzen, aber nicht zerschneiden, sondern nur die Stiele ganz entfernen. Anschließend sofort in Zitronenwasser legen.

2 Die vorbereiteten Artischocken aus dem Zitronenwasser nehmen, 5 Minuten in Salzwasser blanchieren und gut abtropfen lassen.

3 Die Petersilie (oder die anderen Kräuter) waschen, trockenschütteln, die Blätter von den Stängeln zupfen und fein hacken. Den Knoblauch abziehen und ebenfalls fein hacken. Den Speck fein würfeln. Den Backofen auf 180 °C vorheizen.

4 Knoblauch, Kräuter und Speck mit etwas Salz und Pfeffer gut vermischen.

5 Die Artischockenblätter in der Mitte leicht auseinander drücken und die Würzmischung jeweils in die Vertiefung verteilen.

6 Die Artischocken aufrecht in eine feuerfeste Form stellen. Die Form muss genau so groß sein, dass die Artischocken nebeneinander Platz haben. Das Olivenöl sowie etwa 1/8 l Wasser angießen und die Artischocken für 35–40 Minuten in den Backofen schieben. Sie sind gar, wenn sie sich beim Einstechen mit einer Gabel weich anfühlen.

7 Zum Servieren die Artischocken aus der Form nehmen, auf eine vorgewärmte Platte legen und mit dem Schmorfond überziehen.

Ceci di magro alla pisana

Kichererbsen auf Pisaner Art

Auf diese Art zubereitete Kichererbsen schmecken nicht nur als Beilage zu Fleisch oder Fisch, sie sind auch lecker auf geröstetem Brot als Crostini.

1 Die Kichererbsen über Nacht in reichlich Wasser einweichen. Natron und Salz mit ins Einweichwasser geben, damit die Kichererbsen auch außen weich werden.
2 Die Zwiebel und den Knoblauch abziehen und fein hacken. Die Sardellenfilets mit einer Gabel zerdrücken.
3 Die Tomaten kurz mit heißem Wasser überbrühen, häuten, vierteln und entkernen, dabei die Stielansätze entfernen. Das Fruchtfleisch grob würfeln.
4 Den Mangold waschen, die harten Stängel entfernen und die Blätter grob hacken.
5 In einem Topf das Olivenöl erhitzen und die Zwiebelwürfel darin anschwitzen. Sobald sie Farbe angenommen haben, den Knoblauch und die Sardellenfilets zufügen und kurz anbraten.
6 Sobald sich alles gut vermischt hat, die abgetropften Kichererbsen zugeben, etwas Wasser angießen, so dass alles knapp bedeckt ist und auf kleiner Flamme im geschlossenen Topf 50 Minuten köcheln lassen.
7 Anschließend Tomaten und den Mangold zugeben, salzen, pfeffern und alles weitere 25 Minuten köcheln lassen. Am Schluss sollten die Kichererbsen ganz weich, aber nicht zerkocht sein.

Für 4 Portionen
400 g getrocknete Kichererbsen
1 TL Natron · Salz
1 Zwiebel
3 Knoblauchzehen
2 in Salz eingelegte Sardellenfilets
2–3 reife Tomaten
350 g Mangold
4 EL Olivenöl · Pfeffer

Ceci in cacciucco

Kichererbsen mit Tomaten

Dieses Rezept stammt aus dem Hinterland von Livorno. Dort wurde früher die klassische Fischsuppe (Cacciucco, *Rezept siehe Seite 98) mit Kichererbsen abgewandelt, weil die Leute zu arm waren, um auch nur minderwertigen Fisch kaufen zu können. Damals galten* Ceci in cacciucco *als vollwertige Mahlzeit, heutzutage sind sie Beilage zu Fisch oder Fleisch*.

1 Die Kichererbsen über Nacht einweichen, so wie im vorstehenden Rezept beschrieben.
2 Am nächsten Tag die Kichererbsen in Salzwasser 35–40 Minuten kochen.
3 Inzwischen die Tomaten kurz mit heißem Wasser überbrühen, häuten, vierteln und entkernen, dabei die Stielansätze entfernen. Das Fruchtfleisch grob würfeln.
4 Den Knoblauch abziehen und fein hacken. Die Chilischote aufschneiden, die Kerne entfernen und die Schote grob würfeln. Die Petersilie waschen, trockenschütteln, die Stängel entfernen und die Blätter fein hacken.
5 In einem Topf das Olivenöl erhitzen, Knoblauch und Chilischote darin anbraten. Sobald der Knoblauch etwas Farbe angenommen hat, die Tomaten zufügen, salzen, pfeffern und alles etwa 15 Minuten auf kleiner Flamme im geschlossenen Topf köcheln lassen.
6 Die Kichererbsen mit ein wenig Kochflüssigkeit zugeben und alles auf kleiner Flamme noch weitere 15–20 Minuten köcheln lassen. Vor dem Anrichten die gehackte Petersilie und das Olivenöl einrühren.

Für 4 Portionen
800 g getrocknete Kichererbsen
1 TL Natron · Salz
500 g reife Tomaten
3 Knoblauchzehen
1 Chilischote
½ Sträußchen Petersilie
3–4 EL Olivenöl
Pfeffer
2 EL Olivenöl extra vergine

Sformato di spinaci
Spinatauflauf

Für 6 Portionen
1 kg frischer Spinat
Salz

Für die Béchamelsauce:
knapp ½ l Milch
75 g Butter
5 EL Mehl
Salz
1 kräftige Prise Muskat

Außerdem:
etwas Butter für die Form
3 Eier
80 g frisch geriebener Parmesan

1 Den Spinat verlesen, die Stängel entfernen und die Blätter gründlich waschen. In einem Topf wenig Salzwasser zum Kochen bringen, den nassen Spinat hineingeben und in 5 Minuten zusammenfallen lassen. Abgießen, im Mixer pürieren und beiseite stellen.

2 Für die Béchamelsauce die Milch in einem Topf bis knapp vor den Siedepunkt erhitzen. Inzwischen in einem anderen Topf bei schwacher Hitze die Butter zerlassen. Sobald sie vollständig geschmolzen ist, das ganze Mehl auf einmal zufügen und mit einem Holzlöffel unter ständigem Rühren etwa 2 Minuten anschwitzen. Dabei unbedingt darauf achten, dass das Mehl nicht bräunt.

3 Den Topf vom Herd nehmen und esslöffelweise die heiße Milch unterrühren. Wenn die Hälfte der Milch verbraucht ist, den Rest auf einmal zugießen und alles rasch glatt rühren.

4 Den Topf zurück auf den Herd stellen, die Sauce mit Salz und Muskat würzen und bei schwacher Hitze unter ständigem Rühren köcheln lassen, bis eine glatte, dicke Béchamelsauce entstanden ist.

5 Den Backofen auf 180 °C vorheizen. Eine Auflaufform mit Butter einfetten.

6 Die Eier trennen. Das Eigelb mit dem Spinat, der abgekühlten Béchamelsauce und dem Käse gründlich vermischen. Das Eiweiß zu Schnee schlagen, vorsichtig unter die Spinatmasse heben und alles in die Auflaufform füllen.

7 Die Form in den Ofen schieben und den Auflauf etwa 1 Stunde backen, es sollte sich an der Oberfläche eine leichte Kruste bilden.

8 Den Auflauf aus dem Ofen nehmen und einige Minuten ruhen lassen. Anschließend aus der Form stürzen – am besten geht das, wenn Sie die Form umdrehen und für einige Minuten ein feuchtes Tuch darauf legen. Zum Servieren den Auflauf in Portionsstücke teilen.

Pomodori ripiene al forno
Gefüllte Tomaten aus dem Backofen

Für 4 Portionen
4 große, reife, wohlgeformte Tomaten
1 Sträußchen Petersilie
3 Knoblauchzehen
2–3 in Salz eingelegte Sardellen
100 g Thunfisch ohne Öl aus der Dose
30 g Kapern aus dem Glas
1 EL Olivenöl · Salz

Außerdem:
etwas Olivenöl für die Form

1 Den Backofen auf 200 °C vorheizen. Die Tomaten waschen, quer halbieren und die Stielansätze herausschneiden. Die Kerne mit einem Teelöffel auskratzen und die Tomatenhälften mit der Schnittfläche nach unten auf ein Küchenbrett legen, damit die restliche Flüssigkeit herausläuft.

2 Die Petersilie waschen, trockenschütteln, die Blätter von den Stängeln zupfen und fein hacken. Den Knoblauch abziehen und sehr fein hacken. Die Sardellen abspülen und mit einer Gabel zerdrücken. Den Thunfisch abtropfen lassen und fein zerpflücken. Die Kapern abtropfen lassen und fein hacken.

3 Petersilie, Knoblauch, Sardellen, Thunfisch, Kapern und Olivenöl in einer Schüssel gut miteinander vermischen, leicht salzen und die Tomatenhälften damit füllen.

4 Eine feuerfeste Form, in die die Tomaten gerade hineinpassen, mit etwas Olivenöl einfetten, die Tomatenhälften hineinsetzen und im Backofen gut 30 Minuten garen.

Cipolle al forno

Im Backofen geschmorte Zwiebeln

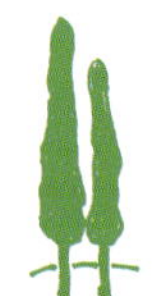

Geschmorte Zwiebeln sind eine köstliche Beilage zu gekochtem Fleisch! Sie sind so beliebt, dass Sie getrost auch ein paar mehr als hier angegeben zubereiten können.

Für 4 Portionen
4 sehr große rote Zwiebeln
Salz
1 Bund Petersilie
Pfeffer
4–5 EL Olivenöl
1–2 EL Weinessig

1 Die Zwiebeln abziehen. In einem Topf schwach gesalzenes Wasser zum Kochen bringen und die Zwiebeln etwa 10 Minuten blanchieren. Anschließend abgießen, die Zwiebeln halbieren und mit der Schnittfläche nach unten in eine feuerfeste Form legen.
2 Den Backofen auf 150 °C vorheizen. Die Petersilie waschen, trockenschütteln, die Stängel entfernen und die Blätter fein hacken.
3 Die Zwiebeln mit der gehackten Petersilie, Salz und Pfeffer bestreuen, mit Olivenöl beträufeln und im Ofen etwa 45 Minuten schmoren lassen, bis sie ganz weich sind.
4 Zum Servieren die Zwiebeln aus der Form nehmen und auf einer vorgewärmten Platte anrichten. Mit dem Schmorfond überziehen, mit etwas Weinessig beträufeln und die geschmorten Zwiebeln sofort auf den Tisch bringen.

Fagiolini in umido

Geschmorte grüne Bohnen

Eine Beilage, die besonders im Sommer, wenn die ersten Bohnen auf dem Markt angeboten werden, beliebt ist. Wichtig ist, dass die Bohnen nicht mit Wasser gekocht, sondern in der Tomatensauce gegart werden.

Für 4 Portionen
800 g zarte grüne, fadenlose Brechbohnen
½ Zwiebel
1 kleine Möhre
2–3 Knoblauchzehen
500 g reife Tomaten
6 EL Olivenöl
Salz
Pfeffer
evtl. etwas Brühe
einige Basilikumblätter

1 Die Bohnen waschen und die Enden knapp abschneiden. Die Zwiebel häuten und in hauchdünne Scheiben schneiden. Die Möhre schälen und ebenfalls in sehr dünne Scheiben schneiden. Den Knoblauch abziehen.
2 Die Tomaten kurz mit heißem Wasser überbrühen, häuten, vierteln und entkernen, dabei die Stielansätze entfernen. Das Fruchtfleisch grob würfeln.
3 In einem Topf (möglichst einem feuerfesten Tontopf) das Olivenöl erhitzen. Die Zwiebel- und Möhrenscheiben sowie den Knoblauch zufügen und anbraten. Sobald das Gemüse etwas Farbe annimmt, den Knoblauch wieder entfernen und die Tomaten mit den Bohnen in den Topf geben.
4 Salzen, pfeffern und auf kleiner Flamme im geschlossenen Topf etwa 30 Minuten köcheln lassen. Normalerweise sollte das an den Bohnen haftende Wasser für ausreichend Flüssigkeit sorgen, falls nicht, können Sie notfalls noch ein wenig Brühe angießen. Am Ende der Kochzeit sollten die Bohnen weich sein und die gesamte Flüssigkeit aufgesogen haben.
5 Inzwischen das Basilikum waschen, trockenschütteln und die Blätter klein zupfen. Vor dem Servieren die Bohnen mit Basilikum bestreuen.

Fagioli all'olio

Weiße Bohnen in Öl

Auch wenn dieses Rezept besonders einfach zu sein scheint, so muss man doch ein paar Kniffe kennen, um ein wirklich optimales Ergebnis zu erzielen: Das Geheimnis besteht darin, dass das Wasser nur unmerklich köcheln darf; die Bohnen dürfen sich im Topf nahezu nicht bewegen. Wenn sie zu heftig gekocht werden, haben Sie am Ende einen traurigen Brei, der nichts mit diesem köstlichen Gericht gemein hat! Absolut perfekt werden die Bohnen, wenn sie in einem feuerfesten Tontopf gekocht werden und während des Kochens nicht mit Metall in Berührung kommen.

Früher wurden die Bohnen in einer Flasche (Fagioli nel fiasco), *in der nur noch glimmenden Glut des Herdes zubereitet. Dazu wurden sie mit reichlich Olivenöl, einigen Salbeiblättchen, etwas Salz, reichlich Pfeffer und gerade so viel Wasser, dass die Bohnen gut bedeckt waren, in eine bauchige Flasche gefüllt. Die gut verschlossene Flasche wurde am Abend in die verlöschende Glut gestellt und am Morgen waren die Bohnen dann fertig.*

Eine andere Methode bestand darin, die Bohnen über Nacht im Backofen zu garen, nachdem das Brot gebacken war.

Für 4 Portionen
1 kg frische weiße Bohnen (möglichst cannellini*) oder*
400 g getrocknete weiße Bohnen
4 Knoblauchzehen
1 Zweig Salbei
4 EL Olivenöl
Salz
frisch gemahlener Pfeffer
2 EL Olivenöl extra vergine

1 Die frischen Bohnen auspalen. Falls Sie getrocknete Bohnen verwenden, müssen Sie diese über Nacht in reichlich Wasser einweichen, vor der Weiterverwendung abspülen und abtropfen lassen.
2 Die Knoblauchzehen abziehen und halbieren. Bohnen, Knoblauch, Salbei, Olivenöl und Salz in einen feuerfesten Tontopf geben und mit gerade so viel lauwarmem Wasser auffüllen, dass alles gut bedeckt ist.
3 Auf kleinster Stufe langsam erhitzen, niemals wallend kochen lassen, sondern während der Garzeit die Hitze auf ein Minimum reduzieren.
4 Auf diese Weise die Bohnen ganz langsam zugedeckt garen – das dauert gut 1 Stunde, vielleicht sogar etwas länger. Probieren Sie zwischendurch, ob die Bohnen schon gar sind, aber benutzen Sie einen Holzkochlöffel, um eine Probe zu entnehmen, und rühren Sie die Bohnen keinesfalls um!
5 Zum Servieren den Salbeizweig entfernen, die Bohnen mit reichlich frisch gemahlenem Pfeffer würzen und mit dem Olivenöl beträufeln.

Verdure fritte
Frittiertes Gemüse

Für 4 Portionen
4 kleine zarte Artischocken
Saft von ½ Zitrone
4 grüne Tomaten
4 kleine Zucchini

Für den Teig:
250 g Mehl
4 Eier
Salz
Pfeffer
1 Prise Muskat
6 EL Olivenöl
2 EL Weißwein

Außerdem:
reichlich Öl zum Ausbacken
Salz
2 Zitronen

1 Von den Artischocken die äußeren harten Blätter entfernen und wegwerfen. Von den zarteren Blättern nur die harten Spitzen abschneiden und ebenfalls wegwerfen. Den Stiel abschneiden. Die vorbereiteten Artischocken halbieren, die Hälften in Achtel schneiden und sofort in Zitronenwasser legen, damit sie sich nicht verfärben.

2 Die Tomaten waschen und in etwa 5 mm dicke Scheiben schneiden, dabei die Stielansätze entfernen. Die Kerne vorsichtig entfernen, die Scheiben aber ganz lassen.

3 Die Zucchini waschen, in etwa 5 cm lange Stücke und diese in Stifte von etwa 5 mm Dicke schneiden.

4 Für den Teig das Mehl in einer großen Schüssel mit den Eiern, Salz, Pfeffer, Muskat und dem Olivenöl gut verrühren. Dabei darauf achten, dass sich keine Klümpchen bilden. Anschließend 1 EL Wasser und den Wein unterrühren. Der Teig soll am Schluss ziemlich flüssig sein, eventuell noch etwas mehr Wein oder Wasser zugießen.

5 In einem großen Topf reichlich Öl zum Ausbacken erhitzen. Die vorbereiteten Gemüsestücke nach und nach einzeln durch den Backteig ziehen und sofort im siedenden Öl goldgelb und knusprig ausbacken.

6 Die frittierten Gemüsestücke auf Küchenpapier abtropfen lassen und warm halten, bis das ganze Gemüse verarbeitet ist.

7 Anschließend das frittierte Gemüse auf einer vorgewärmten Platte anrichten, mit Salz bestreuen und mit Zitronenachteln garniert servieren.

Zucchini al funghetto
Gebratene Zucchini mit Pilzen

Für 4 Portionen
4–5 getrocknete Steinpilze
2 große reife Tomaten
1 kleine Zwiebel
1 Knoblauchzehe
4 mittelgroße Zucchini
einige Blättchen Bergminze oder eine andere Minzesorte
4–5 EL Olivenöl · Salz

1 Die getrockneten Pilze etwa 20 Minuten in warmem Wasser einweichen. Anschließend abgießen, unter fließendem Wasser gut abspülen und die Pilze in einem Sieb bis zur weiteren Verwendung gut abtropfen lassen.

2 Die Tomaten kurz mit heißem Wasser überbrühen, häuten, vierteln und entkernen, dabei die Stielansätze entfernen. Das Fruchtfleisch fein würfeln.

3 Zwiebel und Knoblauch abziehen und fein hacken. Die Zucchini waschen und in 3–4 mm dicke Scheiben schneiden, die Enden dabei entfernen. Die Minze abspülen, trockenschütteln und fein hacken.

4 In einem Topf das Olivenöl erhitzen und die Zwiebelwürfel darin hell anschwitzen. Sobald sie etwas Farbe angenommen haben, den Knoblauch zufügen und ebenfalls kurz anbraten.

5 Die Zucchinischeiben zufügen und unter ständigem Wenden anbraten. Sobald alle Flüssigkeit verdampft ist, die Pilze und die Tomaten zugeben, salzen und alles unter gelegentlichem Umrühren ohne Deckel 10 Minuten schmoren lassen. Am Schluss sollte die gesamte Flüssigkeit verdampft sein.

6 Die Zucchini auf einer vorgewärmten Platte anrichten und mit Minzeblättchen bestreut servieren.

Patate al rosmarino

Kartoffeln mit Rosmarin

Diese köstlichen Kartoffeln sind eine klassisch toskanische Beilage zu Braten oder gegrilltem Fleisch. Ich kann Ihnen nur raten, immer eine großzügige Menge davon vorzubereiten – sie sind so lecker, dass man meint, sie reichen nie ...

Für 4 Portionen
700 g fest kochende Kartoffeln
1 Knoblauchzehe
5–6 EL Olivenöl
einige Zweige Rosmarin
Salz · Pfeffer

1 Den Backofen auf 200 °C vorheizen. Die Kartoffeln schälen und je nach Größe vierteln oder halbieren. Den Knoblauch abziehen und in Scheiben schneiden.

2 Die Kartoffeln mit dem Olivenöl, dem Knoblauch und dem Rosmarin in eine feuerfeste Auflaufform geben, salzen und pfeffern und auf dem Herd leicht anbraten. Anschließend in den Ofen schieben und in etwa 45 Minuten fertigbraten.

3 Wenn die Kartoffeln gar sind und eine schöne goldbraune Farbe haben, sofort servieren.

Patate alla fattoressa

Kartoffeln nach Gutshofart

Auf den großen Gutshöfen waren die Frauen der Gutsverwalter verantwortlich für die Küche und hatten die Schlüsselgewalt über die Speisekammer. Häufig waren sie hervorragende Köchinnen und viele ländliche Gerichte sind das Ergebnis ihrer Phantasie und Kreativität.

Für 6 Portionen
500 g reife Tomaten
2–3 Salsicce *oder andere Schweinsbratwürste*
1 kg fest kochende Kartoffeln
5–6 EL Olivenöl
Salz
Pfeffer oder
1 Prise Chilipulver

1 Die Tomaten kurz mit heißem Wasser überbrühen, häuten, vierteln und entkernen, dabei die Stielansätze entfernen. Das Fruchtfleisch fein würfeln.

2 Die Bratwürste häuten und die Füllung zerpflücken. Die Kartoffeln schälen und in Scheiben schneiden.

3 In einer großen Pfanne das Olivenöl erhitzen, die Wurststückchen darin kurz anbraten und anschließend die Tomaten zugeben. Salzen, pfeffern oder mit Chilipulver würzen und das Ganze ein paar Minuten dünsten.

4 Die Kartoffeln mit ein wenig Wasser zugeben und alles bei mittlerer Hitze im geschlossenen Topf etwa 30 Minuten garen.

5 Falls Sie bereits gekochte Kartoffeln verwenden, erhitzen Sie diese nur 6–7 Minuten in der Tomatensauce. In diesem Fall brauchen Sie kein Wasser zuzugeben.

Piselli alla fiorentina

Erbsen auf Florentiner Art

1 Vom frischen Knoblauch nur die äußere Haut abziehen und den Knoblauch vierteln. Falls Sie keinen frischen Knoblauch bekommen, verwenden Sie Knoblauchzehen: Diese abziehen und ganz lassen.
2 Die Petersilie waschen und trockenschütteln, aber nicht zerkleinern. Die Speckscheiben in schmale Streifen schneiden.
3 Die Erbsen mit dem Knoblauch, der Petersilie, etwas Salz, dem Olivenöl und eventuell etwas Zucker in einen Topf geben und mit gerade so viel Wasser aufgießen, dass die Erbsen eben bedeckt sind. Bei mittlerer Hitze langsam zum Kochen bringen und alles ohne Deckel etwa 10 Minuten dünsten.
4 Den Topf vom Herd nehmen, die Speckstreifen untermischen und vor dem Servieren alles nochmals kurz erwärmen.

Für 4 Portionen
1 frischer junger Frühlingsknoblauch
alternativ: 3 Knoblauchzehen
1 Sträußchen Petersilie
60 g luftgetrockneter Speck, in sehr feine Scheiben geschnitten
600 g ausgepalte junge Erbsen
Salz
5–6 EL Olivenöl
evtl. 1 Prise Zucker

Melanzane insaporite

Auberginen mit Käsekruste

Da dieses Gericht ziemlich üppig ist, eignet es sich als sommerliche Hauptmahlzeit. Wenn Sie Auberginen als Beilage lieber etwas weniger gehaltvoll mögen, dann servieren Sie sie nur gegrillt, mit etwas Salz und frischem Thymian gewürzt und mit ein wenig Olivenöl extra vergine beträufelt. Aber zurück zu den überbackenen Auberginen:

1 Die Auberginen waschen, mit Küchenpapier trockentupfen und in Scheiben schneiden. Mit etwas Salz bestreuen und 30 Minuten stehen lassen, damit sie später nicht so viel Fett aufsaugen. Anschließend unter fließendem Wasser abwaschen, die Scheiben sorgfältig trockentupfen und in Mehl wenden.
2 In einer Pfanne 6 EL Olivenöl erhitzen und die Auberginenscheiben darin von beiden Seiten goldgelb braten. Aus der Pfanne nehmen und auf Küchenpapier abtropfen lassen.
3 Inzwischen die Tomaten kurz mit heißem Wasser überbrühen, häuten, vierteln und entkernen, dabei die Stielansätze entfernen. Das Fruchtfleisch pürieren.
4 Den Knoblauch abziehen und sehr fein hacken. Das Basilikum waschen, trockenschütteln, die Blättchen von den Stängeln abziehen und klein zupfen.
5 Den Backofen auf 200 °C vorheizen. In einem Topf das restliche Olivenöl erhitzen und den Knoblauch darin anbraten. Sobald er etwas Farbe angenommen hat, Tomatenpüree und Basilikum zugeben, salzen, pfeffern und alles auf kleiner Flamme zugedeckt 15 Minuten köcheln lassen.
6 Die Eier gut verquirlen und zusammen mit 3 EL Parmesan in die Tomatensauce rühren.
7 Eine feuerfeste Form mit etwas Butter einfetten, gebratene Auberginenscheiben hineinlegen, mit der Sauce begießen und mit dem restlichen Parmesan bestreuen.
8 Im Ofen überbacken, bis sich eine knusprige Käsekruste gebildet hat. Sofort servieren.

Für 4 Portionen
4–6 kleine Auberginen
Salz
1 Tasse Mehl
8 EL Olivenöl
500 g reife Tomaten
1–2 Knoblauchzehen
1 großer Bund Basilikum
Pfeffer
2 Eier
6 EL frisch geriebener Parmesan
etwas Butter für die Form

Tortino di carciofi

Artischocken-Eierkuchen

Tortini *(Eierkuchen) haben eine gewissen Ähnlichkeit mit* Frittate *(Rezept siehe Seite 32), allerdings werden die Geschmackszutaten zuerst angebraten und dann erst mit den Eiern übergossen. Sie werden nicht in der Pfanne, sondern im Ofen gebacken. Diese Eierkuchen sind ziemlich üppig und eignen sich deshalb auch gut als Zwischengericht.*

Für 4 Portionen
6 zarte junge Artischocken
Saft von 1 Zitrone
1 Sträußchen Petersilie
1 Knoblauchzehe
etwas Mehl
8 EL Olivenöl
Salz
5 Eier
frisch gemahlener Pfeffer

1 Von den Artischocken die äußeren harten Blätter entfernen und wegwerfen. Von den zarteren Blättern nur die harten Spitzen abschneiden und ebenfalls wegwerfen. Den Stiel auf etwa 2 cm Länge kürzen und großzügig abschälen. Die vorbereiteten Artischocken längs in etwa 5 mm dicke Scheiben schneiden und sofort für einige Minuten in Zitronenwasser legen, damit sie sich nicht verfärben.

2 Den Backofen auf 180 °C vorheizen. Die Petersilie waschen, trockenschütteln, die Stängel entfernen und die Blätter fein hacken. Den Knoblauch abziehen und grob hacken.

3 Die Artischocken aus dem Wasser nehmen, etwas abtropfen lassen und in Mehl wenden.

4 In einer Pfanne das Olivenöl erhitzen, den Knoblauch mit den Artischockenscheiben darin anbraten und bei mittlerer Hitze etwa 15 Minuten dünsten. Anschließend salzen und mit der gehackten Petersilie bestreuen.

5 Die Artischocken in eine Auflaufform geben. Die Eier mit etwas Salz verquirlen und über die Artischocken gießen.

6 Die Form für etwa 10 Minuten in den Backofen schieben und die Eier stocken lassen. Vor dem Servieren mit frisch gemahlenem Pfeffer bestreuen.

Funghi porcini o ovoli in tegame

Geschmorte Steinpilze oder Kaiserlinge

Für 6 Portionen
1 kg Steinpilze oder Kaiserlinge
2–3 Knoblauchzehen
1 Zweig Bergminze oder etwas Petersilie
300 g reife Tomaten
8 EL Olivenöl
Salz
Pfeffer, wahlweise Chilipulver

1 Die Pilze mit Küchenpapier vorsichtig säubern, von den Stielen eine dünne Scheibe abschneiden und wegwerfen. Die Pilze in Scheiben schneiden.

2 Den Knoblauch abziehen, in Scheiben schneiden. Minze oder Petersilie waschen, trockenschütteln, die Blätter von den Stielen zupfen, einige Blättchen zum Garnieren beiseite legen und den Rest fein hacken.

3 Die Tomaten kurz mit heißem Wasser überbrühen, häuten, vierteln und entkernen, dabei die Stielansätze entfernen. Das Fruchtfleisch grob würfeln.

4 In einem Topf das Olivenöl erhitzen und den Knoblauch mit den Kräutern darin anbraten. Sobald der Knoblauch etwas Farbe angenommen hat, die Pilze zufügen, salzen und pfeffern – wenn Sie es gern scharf mögen, nehmen Sie stattdessen eine Prise Chilipulver – und die Pilze etwa 5 Minuten schmoren lassen.

5 Die Tomaten zufügen und alles auf kleiner Flamme zugedeckt etwa 15 Minuten ohne weitere Flüssigkeitszugabe schmoren lassen.

6 Zum Servieren die Pilze auf einer vorgewärmten Platte anrichten und mit den beiseite gelegten Minze- oder Petersilienblättchen garnieren.

I^a QUALITA'
€19.63 MISTA
ALICI
€7.23

Pesce e frutti di mare

Fisch und Meeresfrüchte

Nicht nur die edlen Fische wie *Orata*, *Spigola* oder *Sogliola* (Goldbrasse, Wolfsbarsch oder Seezunge) werden in der toskanischen Küche geschätzt – gerade die eher unscheinbaren wie Sardinen, Sardellen, Makrelen, Tintenfische, Kraken und ganz besonders Klippfisch (*baccalà*) sind sehr begehrte Zutaten für typisch toskanische Fischgerichte. Daneben gibt es noch einige traditionelle Gerichte mit Süßwasserfischen, die ganz besonders in der Gegend um den Lago di Chiusi häufig auf den Tisch kommen. Meine Rezeptauswahl zeigt, dass man in der Toskana mit Fischen sehr viel mehr anzufangen versteht, als sie nur zu grillen!

Baccalà
Klippfisch

An den Anfang dieses Kapitels habe ich Gerichte mit baccalà (Klippfisch) gestellt, die in der Toskana sehr beliebt sind und in vielen Variationen zubereitet werden. Als Klippfisch wird luftgetrockneter Magerfisch (Dorsch oder Kabeljau) bezeichnet, der mit Salz konserviert wurde. Klippfisch wird entweder im Ganzen, das heißt mit Haut und Gräten, oder als Filet angeboten.

Vor der Zubereitung muss der Fisch mindestens 24 Stunden gewässert werden (bei mir sind es zwei Tage!). Sie sollten das Wasser während dieser Zeit möglichst oft wechseln. Falls Sie kein Filet bekommen, müssen Sie nach dem Wässern noch Haut und Gräten entfernen. Vor der Weiterverarbeitung wird der Fisch in Portionsstücke zerteilt.

Da Klippfisch trotz ausreichender Wässerung immer noch etwas salzig ist, können Sie auf zusätzliches Salz bei der Zubereitung der nachfolgenden Rezepte verzichten.

Baccalà alla fiorentina
Klippfisch auf Florentiner Art

Für 4–5 Portionen
600 g Klippfisch
2 Stangen Lauch
3 Knoblauchzehen
600 g geschälte Tomaten aus der Dose
8 EL Olivenöl
Pfeffer
1 Sträußchen Basilikum
1 EL Mehl

1 Den Klippfisch gut wässern und küchenfertig vorbereiten, wie oben beschrieben.

2 Vom Lauch die dunkelgrünen Teile entfernen, den Rest gründlich waschen und in dünne Ringe schneiden. Den Knoblauch abziehen und fein hacken. Die Tomaten zusammen mit dem Saft aus der Dose pürieren.

3 In einem Topf 4 EL Olivenöl erhitzen, den Lauch darin hell anschwitzen, Knoblauch und Tomaten zugeben und alles 12–15 Minuten köcheln lassen, bis der Lauch ganz weich ist. Mit Pfeffer abschmecken und die Sauce warm halten.

4 Inzwischen das Basilikum waschen, trockenschütteln, die Stängel entfernen und die Blätter grob hacken.

5 Die Fischstücke mit etwas Mehl bestäuben. In einer Pfanne das restliche Olivenöl erhitzen und den Fisch langsam darin braten. Sobald er eine schöne goldgelbe Farbe angenommen hat, aus der Pfanne nehmen und auf Küchenpapier kurz abtropfen lassen.

6 Die Fischstücke in die Sauce legen und ein paar Minuten ziehen lassen. Zum Anrichten den Fisch mit dem Basilikum bestreuen und sofort servieren.

Baccalà al rosmarino con le patate
Klippfisch mit Rosmarin und Kartoffeln

Für 4 Portionen
500–600 g Klippfisch
4–5 fest kochende Kartoffeln
4 Knoblauchzehen
8 EL Olivenöl
einige Zweige Rosmarin
Pfeffer

1 Den Klippfisch wässern und küchenfertig vorbereiten, wie auf Seite 96 oben beschrieben.

2 Den Backofen auf 180 °C vorheizen. Die Kartoffeln schälen und in Scheiben schneiden. Den Knoblauch abziehen und fein hacken.

3 Die Hälfte des Olivenöls in eine Auflaufform gießen. Als erste Schicht die Kartoffeln mit etwas Rosmarin und Knoblauch hineingeben, darüber den Fisch verteilen, restlichen Rosmarin und Knoblauch darauf geben, alles mit dem restlichen Olivenöl beträufeln und mit Pfeffer würzen.

4 Die Form in den Backofen schieben und den Fisch 30–40 Minuten garen. Das Gericht in der Auflaufform servieren.

Baccalà marinato
Marinierter Klippfisch

Dieses Gericht macht zwar wenig Arbeit, erfordert aber eine gewisse Planung: Zunächst braucht der Fisch ein bis zwei Tage zum Wässern. Anschließend sollte der gebratene Fisch vor dem Servieren 12–16 Stunden in der Marinade ziehen ... das Ergebnis ist allerdings ganz köstlich!

Zu diesem Rezept gibt es einige Variationen. In der Gegend von Carrara zum Beispiel kommen noch ein paar reife Tomaten mit in die Marinade. Dazu werden die Tomaten gehäutet, fein gehackt und mit den Kräutern und Gewürzen kurz in der Pfanne geschmort. Anschließend mit Essig ablöschen, salzen, pfeffern und etwa 10 Minuten köcheln lassen.

Für 4 Portionen
500 g Klippfisch
1 Chilischote
2 Knoblauchzehen
1 Zweig Rosmarin
etwas Mehl
4–5 EL Olivenöl
gut 1/8 l Weißweinessig
Salz · Pfeffer

1 Den Klippfisch wässern und küchenfertig vorbereiten, wie auf Seite 96 oben beschrieben.

2 Die Chilischote aufschneiden, die Kerne entfernen und die Schote sehr fein hacken. Den Knoblauch abziehen und ebenfalls fein hacken. Die Rosmarinnadeln abstreifen und hacken.

3 Die Fischstücke leicht mit Mehl bestäuben.

4 In einer Pfanne das Olivenöl erhitzen, die Fischstücke darin goldgelb braten, aus der Pfanne nehmen und auf Küchenpapier etwas abtropfen lassen.

5 Den Knoblauch mit der Chilischote und dem Rosmarin im verbliebenen Öl in der Pfanne anbraten. Sobald der Knoblauch etwas Farbe angenommen hat, mit dem Essig ablöschen. Schwach salzen, pfeffern und alles etwa 5 Minuten köcheln lassen.

6 Die Fischstücke auf eine Servierplatte legen, mit der Essigmarinade übergießen und zugedeckt an einem kühlen Ort stehen lassen. Erst am nächsten Tag servieren.

Cacciucco livornese

Livorneser Fischsuppe

Um die Entstehung dieser Fischsuppe ranken sich allerlei Geschichten. Die Livorneser behaupten, dass die torrigiani *(Leuchtturmwächter) den* Cacciucco *erfunden hätten. Sie bekamen seinerzeit nur eine bestimmte Menge Olivenöl zugeteilt, mit dem sie eine Zeit lang auskommen mussten. Da lag es nahe, dass sie versuchten, ihren Fisch mit möglichst wenig Öl zuzubereiten. Sie kamen so auf die Idee, den Fisch mit Gemüse und Knoblauch in Wasser zu kochen – und schon war die Fischsuppe erfunden ... Später, gegen Ende des 16. Jahrhunderts, kamen aus der Neuen Welt zwei bis dahin unbekannte Nachtschattengewächse nach Europa: die Tomate und die Peperoni. Die Livorneser gehörten zu den Ersten, die diese beiden Neuankömmlinge anbauten und in der Küche verwendeten. Auf diese Weise kamen zum Cacciucco noch die letzten Zutaten hinzu.*

Livorneser Fischsuppe galt früher als Armeleuteessen, weil dafür nur die sonst nicht so begehrten und unverkäuflichen Fische verwendet wurden. Heute ist das anders und Sie werden sehen: Dieses Gericht ist alles andere als eine Notlösung! Genau genommen entspricht es der Bouillabaisse und man munkelt, dass die Franzosen das Rezept dafür übernommen haben ...

Für 6 Portionen

2 kg Tintenfische und gemischter Fisch, z. B. Drachenkopf, Seezunge, Meerbarbe, Glatthai
800 g Miesmuscheln oder eine andere Muschelsorte
500 g Tomaten
3–4 Knoblauchzehen
1 kleine Zwiebel
1 scharfe Peperoni
einige Salbeiblätter
4 EL Olivenöl
Salz · Pfeffer
1 ½ EL Weinessig

Außerdem:
½ Sträußchen Petersilie
6 Scheiben altbackenes Weißbrot

1 Die Tintenfische unter fließendem Wasser gründlich waschen, dabei Kopf und Tentakel aus dem Körper ziehen und die Sepiaschale sowie den Tintenbeutel entfernen. Die Köpfe von den Tentakeln abschneiden und wegwerfen. Die Körper in dünne Ringe schneiden, die Tentakel fein hacken.

2 Die Fische ausnehmen, Köpfe, Flossen und Schwänze abschneiden. Die Fische waschen und trockentupfen. Kleine Fische ganz lassen, größere in Portionsstücke zerteilen.

3 Die Muscheln unter fließendem Wasser gründlich waschen und abschrubben. Geöffnete oder kaputte Muscheln wegwerfen. Die Muscheln mit etwas Wasser in einem großen Topf aufsetzen und zugedeckt bei großer Hitze ein paar Minuten kochen. Dabei den Topf hin und wieder rütteln. Sobald sich alle Muscheln geöffnet haben, das Wasser abgießen und die Muscheln beiseite stellen; noch geschlossene Exemplare wegwerfen.

4 Die Tomaten kurz mit heißem Wasser überbrühen, häuten, vierteln und entkernen, dabei die Stielansätze entfernen. Das Fruchtfleisch grob würfeln. Den Knoblauch und die Zwiebel abziehen und fein würfeln. Die Peperoni abspülen, den Stil entfernen und die Schote in dünne Ringe schneiden. Die Salbeiblätter fein hacken.

5 In einem Topf das Olivenöl erhitzen, die Zwiebelwürfel darin glasig anschwitzen, Knoblauch, Peperoni und Salbei zufügen. Sobald der Knoblauch etwas Farbe angenommen hat, die Tomaten zugeben, salzen und pfeffern. Die Tintenfischringe und Tentakel zugeben und alles 20 Minuten köcheln lassen. Anschließend mit dem Essig abschmecken.

6 Die Fische und die Muscheln zugeben. So viel Wasser angießen, dass alles gut mit Flüssigkeit bedeckt ist und die Fischsuppe auf kleiner Flamme etwa 15 Minuten ziehen lassen.

7 Inzwischen die Petersilie waschen, trockenschütteln, die Stängel entfernen und die Blätter fein hacken. Die Brotscheiben rösten und je eine Scheibe in einen Suppenteller legen.

8 Zum Servieren die Tintenfische, Fische und Muscheln aus der Suppe nehmen, auf einer vorgewärmten Platte mit etwas Fischbrühe anrichten und mit der Petersilie bestreuen. Die restliche Suppe über die Brotscheiben gießen und beides zusammen servieren.

Cieche e anguille

Glasaale und Aale

Glasaale und Aale gehören in der toskanischen Küche zu den traditionellen Speisen. Sie werden auf verschiedenste Weise zubereitet. Glasaale (cieche, *im Dialekt auch* cee *genannt) sind sehr junge, noch ganz durchsichtige kleine Aale, die früher hauptsächlich in der Gegend von Livorno, Pisa und Viareggio zwischen Februar und April gefangen wurden. Seit 1984 ist ihr Fang in der Toskana verboten … Glasaale, die auf den Märkten angeboten werden, kommen daher meist aus Frankreich oder Spanien. Wenn Sie die Gelegenheit dazu haben, sollten Sie sie unbedingt probieren: Sie sind ein echter Leckerbissen für Feinschmecker!*

Im Gegensatz zu Glasaalen sind ausgewachsene Aale ziemlich fett, dafür aber von sehr feinem Geschmack. Sie werden gekocht, gebacken, frittiert oder gegrillt serviert.

Cieche alla viareggiana

Glasaale auf Viaregginer Art

Für 4 Portionen
400 g Glasaale
3 Knoblauchzehen
1 Zwiebel
einige Salbeiblätter
½ Chilischote
10 EL Olivenöl
⅛ l Weißwein
Salz

1 Die Glasaale in reichlich Wasser waschen und gut abtropfen lassen.

2 Den Knoblauch und die Zwiebel abziehen und fein würfeln. Die Salbeiblätter fein hacken. Die Chilischote aufschlitzen, die Kerne entfernen und die Schote fein hacken.

3 In einem Topf das Olivenöl erhitzen und die Zwiebelwürfel darin hell anschwitzen. Anschließend Knoblauch, Chilischote und Salbei zufügen. Sobald der Knoblauch ein wenig Farbe angenommen hat, die Glasaale dazugeben und sofort einen Deckel auflegen, damit nichts aus dem Topf spritzt.

4 Nach einigen Minuten mit dem Wein ablöschen, salzen und alles auf lebhafter Flamme zugedeckt etwa 5 Minuten köcheln lassen, bis die Sauce leicht cremig ist. Sofort servieren.

Puristen bereiten die Glasaale übrigens nur mit Olivenöl, Salz und Salbei, ohne Wein und Chilischote zu. Probieren Sie aus, was Ihnen am besten schmeckt!

In der Gegend von Pisa werden die Glasaale auf die gleiche Art zubereitet, allerdings verwendet man dort mehr Knoblauch (6–7 Zehen) und gibt kurz vor dem Servieren eine ordentliche Portion frisch geriebenen Parmesan über die Fischchen. Serviert werden sie erst, wenn der Käse im Topf eine feine Kruste gebildet hat.

Anguilla alla fiorentina
Aal auf Florentiner Art

1 Den Aal in 4–5 cm lange Stücke zerteilen. Aus dem Wein, 2 EL Olivenöl, Salz und Pfeffer eine Marinade rühren und die Aalstücke darin 1–2 Stunden ziehen lassen.
2 Den Knoblauch häuten und zusammen mit den Salbeiblättern fein hacken. Den Backofen auf 180 °C vorheizen.
3 Die Aalstücke aus der Marinade nehmen, etwas abtropfen lassen und anschließend im Paniermehl gründlich wenden.
4 In einer feuerfesten Form das restliche Olivenöl erhitzen und den Knoblauch mit dem Salbei darin anbraten. Sobald der Knoblauch etwas Farbe angenommen hat, die panierten Aalstücke zugeben und bei kräftiger Hitze anbraten. Mit der Marinade ablöschen, die Form in den Ofen schieben und den Aal in 30–40 Minuten garen.
5 Den Fisch unmittelbar vor dem Servieren mit dem Zitronensaft beträufeln und sofort auf den Tisch bringen.

Für 4 Portionen
1 kg küchenfertiger Aal ohne Haut
knapp 1/8 l trockener Weißwein
4 EL Olivenöl
Salz
Pfeffer
2 Knoblauchzehen
6 Salbeiblätter
100 g Paniermehl
Saft von 1 Zitrone

Frittura mista di pesciolini
Gemischte frittierte Fischchen

In der Toskana gehören frittierte kleine Fische zu den beliebtesten Fischgerichten. In vielen Restaurants werden unter diesem Namen leider nur frittierte Garnelen und Tintenfische serviert ... Eine echte Frittura mista *besteht jedoch immer aus verschiedenen Fischchen und nur wenigen Garnelen und Tintenfischringen.*

1 Den Backofen auf 70 °C vorheizen. Die Fische ausnehmen, waschen und trockentupfen, Köpfe und Schwänze nicht entfernen. Die geputzten Fischchen in etwas Mehl wenden.
2 Die Tintenfische in etwa 5 mm dicke Ringe schneiden. Die Garnelen und Tintenfischringe ebenfalls in etwas Mehl wenden.
3 In einem hohen Topf das Öl erhitzen und die Fischchen, Garnelen und Tintenfischringe portionsweise in wenigen Minuten goldgelb frittieren.
4 Die fertigen Fischchen und Meeresfrüchte herausnehmen, salzen und auf einer mit Küchenpapier ausgelegten Platte im Backofen warm halten, bis auch der Rest frittiert ist.
5 Sobald die letzte Portion aus dem Öl kommt, die Frittura mit Zitronenspalten garnieren und sofort servieren.

Für 4 Portionen
750 g sehr kleine gemischte Fische, z. B. Meerbarben, Seezungen, Seehechte und Weißfische
Mehl zum Wenden
einige kleine küchenfertige Tintenfische
einige kleine geschälte Garnelen
reichlich Öl zum Frittieren
Salz
1–2 Zitronen

Ciortoni al pomodoro
Makrelen mit Tomaten und Erbsen

Makrelen haben in Italien viele Namen. Außerhalb der Toskana heißen sie sgombro *oder* maccarello, *gelegentlich auch* pesce cavallo. *Sie haben ein fettes, außerordentlich aromatisches Fleisch und können auf unterschiedlichste Weise zubereitet werden.*

Für 4 Portionen
1 kg küchenfertige kleine Makrelen
1 mittelgroße Zwiebel
1 Sträußchen Petersilie
500 g reife Tomaten
8 EL Olivenöl
etwas Mehl
500 g ausgepalte junge Erbsen
Salz · Pfeffer

1 Die Fische unter fließendem Wasser gründlich waschen, trockentupfen und filetieren: Dazu den Kopf hinter den Kiemen abschneiden, mit einem scharfen Messer den Rücken bis zum Schwanz einschneiden und die obere Hälfte der Fische von der Mittelgräte lösen. Die Gräte von der unteren Hälfte abnehmen. Zum Schluss mit Hilfe des Messers die Haut von den Filets abziehen.

2 Die Zwiebel abziehen und fein würfeln. Die Petersilie waschen, trockenschütteln, die Stängel entfernen und die Blätter fein hacken. Einen kleinen Teil beiseite stellen.

3 Die Tomaten kurz mit heißem Wasser überbrühen, häuten, vierteln und entkernen, dabei die Stielansätze entfernen. Das Fruchtfleisch grob würfeln.

4 In einer Pfanne mit hohem Rand das Olivenöl erhitzen, die Makrelenfilets leicht mit Mehl bestäuben und kurz im heißen Öl anbraten. Die gebratenen Filets aus der Pfanne nehmen und beiseite stellen.

5 Im verbliebenen Bratfett die Zwiebelwürfel hell anschwitzen, die Petersilie und die Erbsen dazugeben und auf kleiner Flamme zugedeckt 10 Minuten schmoren lassen. Eventuell noch etwas Wasser angießen, falls zu wenig Flüssigkeit in der Pfanne ist.

6 Die Tomaten zugeben, salzen und pfeffern. Nach 15 Minuten die Makrelenfilets in die Sauce einlegen und alles weitere 5 Minuten auf kleinster Flamme schmoren lassen.

7 Die Fischfilets mit der restlichen Petersilie bestreuen und servieren.

Scampi in guazzetto
Geschmorte Scampi

Für 4 Portionen
12 große Scampi (Kaisergranat)
3 Knoblauchzehen
1 Sträußchen Petersilie
1 getrocknete Chilischote
8 EL Olivenöl
gut 1/8 l Weißwein
Salz

1 Die Scampi waschen, trockentupfen und die Scampischale am Rücken mit einer Küchenschere aufschneiden, aber nicht entfernen.

2 Den Knoblauch abziehen, in dünne Scheiben schneiden. Die Petersilie waschen, trockenschütteln, die Stängel entfernen und die Blätter fein hacken. Die Chilischote mit einem Messer fein hacken.

3 In einer Pfanne das Olivenöl erhitzen, den Knoblauch mit der Chilischote und gut der Hälfte der Petersilie darin anbraten. Sobald der Knoblauch etwas Farbe angenommen hat, die Scampi zufügen und bei mittlerer Hitze von allen Seiten anbraten.

4 Mit dem Weißwein ablöschen und salzen. Die Scampi unter gelegentlichem Wenden schmoren lassen, bis etwa die Hälfte der Flüssigkeit verdampft ist.

5 Die Scampi auf einer vorgewärmten Platte anrichten, den Schmorfond darüber gießen, mit der restlichen Petersilie bestreuen und sofort servieren.

Sardine rifatte

Frittierte Sardinen in Tomatensauce

Für 4 Portionen
12 küchenfertige frische Sardinen, ohne Schwänze und Köpfe
2 Eier
Saft von 1 Zitrone
Salz · Pfeffer
etwas Mehl · Öl zum Frittieren

Für die Sauce:
4–5 reife Tomaten
2 Knoblauchzehen
1 Sträußchen Petersilie
1 Hand voll Basilikumblätter
1 Hand voll Katzenminze oder eine andere Minzesorte
6 EL Olivenöl · Salz · Pfeffer

1 Die Sardinen unter fließendem Wasser gründlich waschen.

2 Die Eier mit Zitronensaft, Salz und Pfeffer verquirlen. Die Fische durch die Eier ziehen und anschließend in etwas Mehl wenden.

3 In einem hohen Topf das Öl erhitzen und die Sardinen darin in 5–6 Minuten goldgelb ausbacken. Anschließend die Fische zum Entfetten auf Küchenpapier legen.

4 Für die Sauce die Tomaten kurz überbrühen, häuten, vierteln und dabei die Stielansätze entfernen. Das Fruchtfleisch grob würfeln. Den Knoblauch abziehen und fein hacken. Die Kräuter waschen, trockenschütteln, die Blätter abzupfen und fein hacken.

5 In einem Topf das Olivenöl erhitzen und den Knoblauch darin hell anschwitzen. Sobald er etwas Farbe angenommen hat, die Tomaten zufügen, salzen, pfeffern und etwa 10 Minuten auf kleiner Flamme zugedeckt köcheln lassen.

6 Die gehackten Kräuter und die frittierten Sardinen zufügen und 3–4 Minuten in der Sauce ziehen lassen. Warm servieren.

Alternativ können Sie die Sardinen auch ohne die Tomatensauce, nur mit Zitronenachteln garniert, servieren.

Spigola all'imperiale

Wolfsbarsch auf kaiserliche Art

Auf Elba bereitet man den Wolfsbarsch noch heute so zu, wie Napoleon ihn während seines unfreiwilligen Aufenthalts auf der Insel gerne gegessen hat. Der Kaiser brachte das Rezept dafür aus Frankreich mit.

Für 2 Portionen
1 küchenfertiger Wolfsbarsch von etwa 400 g
2 EL würziger Weißweinessig
2–3 Knoblauchzehen
1 Zwiebel
2–3 Lorbeerblätter · Salz

Für die Knoblauchmayonnaise:
2 Eigelbe (Zimmertemperatur)
1 Prise Salz · 1/4 l Öl
2 EL Zitronensaft
3 Knoblauchzehen

1 Den Fisch unter fließendem Wasser gründlich waschen, trockentupfen und mit dem Weinessig beträufelt etwa 2 Stunden kühl stellen.

2 Inzwischen den Knoblauch und die Zwiebel abziehen. Die Zwiebel halbieren, den Knoblauch ganz lassen.

3 In einem Topf von ausreichender Größe Wasser mit Knoblauch, Zwiebelhälften, Lorbeerblättern und etwas Salz aufkochen. Die Temperatur reduzieren, den Fisch einlegen und bei geringster Hitze etwa 15 Minuten ziehen lassen.

4 Inzwischen die Mayonnaise zubereiten: Das Eigelb mit dem Salz schaumig schlagen. Nach und nach tropfenweise das Öl unter ständigem Schlagen mit einem Schneebesen einrühren. Mit dem Zitronensaft abschmecken.

5 Den Knoblauch häuten, sehr fein hacken und in die Mayonnaise rühren.

6 Den Fisch aus dem Sud nehmen und auf einer vorgewärmten Platte anrichten. Mit der Knoblauchmayonnaise servieren.

Orate al cartoccio
Goldbrassen in Alufolie

1 Die Fische unter fließendem Wasser gründlich waschen.
2 Die Petersilie waschen, trockenschütteln, die Stängel entfernen, die Blätter fein hacken. Den Knoblauch und die Zwiebel abziehen und ebenfalls fein hacken.
3 Aus Zitronensaft, 3 EL Öl, Knoblauch, Zwiebel, Petersilie, Salz und Pfeffer eine Marinade rühren und die Fische darin 2 Stunden ziehen lassen.
4 Den Backofen auf 180 °C vorheizen. Die Fische aus der Marinade nehmen, trockentupfen.
5 Vier ausreichend große Stücke Alufolie mit dem restlichen Olivenöl einpinseln, die Goldbrassen außen salzen und pfeffern, in jede Bauchhöhle etwas Marinade geben und die Fische einzeln locker in die Folie einwickeln. Die Enden der Folie fest zusammendrücken. Die Fischpäckchen in eine feuerfeste Form legen und im Ofen 20 Minuten garen.
6 Inzwischen die Kapernsauce zubereiten: In einem Topf bei schwacher Hitze die Butter zerlassen. Sobald sie vollständig geschmolzen ist, das ganze Mehl auf einmal zufügen und mit einem Holzlöffel unter ständigem Rühren etwa 2 Minuten anschwitzen. Dabei unbedingt darauf achten, dass das Mehl nicht bräunt.
7 Den Topf vom Herd nehmen und esslöffelweise die heiße Brühe unterrühren. Wenn etwa die Hälfte der Brühe verbraucht ist, die gesamte restliche Brühe auf einmal zugießen und alles glatt rühren.
8 Den Topf zurück auf den Herd stellen, die Sauce mit Salz, Pfeffer und Muskat würzen und bei schwacher Hitze unter ständigem Rühren so lange köcheln lassen, bis sie eine glatte, dicke Konsistenz erreicht hat. Die Kapern abtropfen lassen und in die Sauce geben.
9 Die Fische aus der Alufolie nehmen und auf einer vorgewärmten Platte anrichten. Die Kapernsauce separat dazu reichen.

Für 4 Portionen
4 küchenfertige, nicht zu große Goldbrassen (à ca. 350 g)
1 Sträußchen Petersilie
3–4 Knoblauchzehen
½ kleine Zwiebel
Saft von 1 ½ Zitronen
4 EL Olivenöl
Salz
Pfeffer

Für die Kapernsauce:
40 g Butter
30 g Mehl
knapp ¼ l heiße Brühe
Salz
Pfeffer
1 Prise Muskat
4 EL kleine Kapern, in Essig eingelegt

Tonno alla livornese
Thunfisch auf Livorneser Art

1 Den Knoblauch abziehen und fein hacken. Die Petersilie waschen, trockenschütteln, die Stängel entfernen und die Blätter fein hacken. Einen Teil zum Garnieren beiseite stellen.
2 Die Tomaten kurz mit heißem Wasser überbrühen, häuten, vierteln und entkernen, dabei die Stielansätze entfernen. Das Fruchtfleisch würfeln.
3 In einer Pfanne das Olivenöl erhitzen, den Knoblauch und die Petersilie darin anbraten. Sobald der Knoblauch etwas Farbe angenommen hat, die Tomaten zugeben, salzen, pfeffern und zugedeckt auf kleiner Flamme 12–15 Minuten köcheln lassen.
4 Die Thunfischscheiben waschen, trockentupfen, in die Tomatensauce legen und nach etwa 5 Minuten umdrehen. Die Erbsen zufügen und alles weitere 10 Minuten ziehen lassen.
5 Zum Servieren den Fisch mit der Sauce auf einer vorgewärmten Platte anrichten und mit der restlichen gehackten Petersilie bestreuen.

Für 4 Portionen
3 Knoblauchzehen
1 Sträußchen Petersilie
6–8 Tomaten
7–8 EL Olivenöl
Salz · Pfeffer
4 Scheiben frischer Thunfisch von jeweils ca. 150 g
300 g ausgepalte kleine Erbsen

Polpo con fagioli
Krake mit Bohnen

Für 4 Portionen
350 g getrocknete weiße Bohnen
Salz
ca. 1 kg küchenfertige kleine Kraken
50 g Bauchspeck
½ kleine Zwiebel
1 Knoblauchzehe
1 getrocknete Chilischote
4–5 Tomaten
6 EL Olivenöl
Pfeffer
¼ l Weißwein · ¼ l Brühe

1 Die weißen Bohnen am Vortag in reichlich Wasser einweichen. Am nächsten Tag abgießen, abspülen und zusammen mit 1 ½ l Wasser und etwas Salz zugedeckt 1 ½–2 Stunden leise köcheln lassen.
2 Inzwischen die Kraken waschen. Körper und Fangarme in 5–6 cm lange Stücke schneiden. Den Speck fein würfeln. Die Zwiebel und den Knoblauch abziehen und beides in feine Würfel schneiden. Die Chilischote mit einem Messer fein hacken.
3 Die Tomaten kurz mit heißem Wasser überbrühen, häuten, vierteln und entkernen, dabei die Stielansätze entfernen. Das Fruchtfleisch fein würfeln.
4 In einem Topf das Olivenöl erhitzen, den Speck und die Zwiebelwürfel darin goldgelb anbraten. Sobald die Zwiebelwürfel etwas Farbe angenommen haben, den Knoblauch und die Chilischote zufügen. Kurz anbraten, die Tomaten und die Krakenstücke dazugeben.
5 Salzen, pfeffern und alles auf kleiner Flamme zugedeckt etwa 1 Stunde köcheln lassen. Dabei nach und nach den Wein und die Brühe zugießen.
6 Wenn die Krakenstücke weich sind, die abgetropften Bohnen zugeben, umrühren und alles noch 10–15 Minuten weiter köcheln lassen. Das Gericht heiß servieren.

Seppie con i carciofi
Tintenfische mit Artischocken

Für 4–5 Portionen
6–8 kleine Artischocken
Saft von 1 Zitrone
1 kg nicht zu große, küchenfertige Tintenfische mit den Tintenbeuteln
4 Knoblauchzehen
2 Sträußchen Petersilie
2–3 in Salz eingelegte Sardellenfilets aus dem Glas
6 EL Olivenöl
gut ¼ l Weißwein
Salz · Pfeffer

1 Von den Artischocken die äußeren harten Blätter entfernen und wegwerfen. Von den zarteren Blättern die harten Spitzen abschneiden, ebenfalls wegwerfen. Den Stiel jeweils auf etwa 2 cm Länge kürzen und großzügig abschälen. Die vorbereiteten Artischocken in Achtel schneiden und sofort in Zitronenwasser legen, damit sie sich nicht verfärben.
2 Die Tintenfische unter fließendem Wasser gründlich waschen, die Tintenbeutel beiseite legen. Die Körper in dünne Ringe schneiden, die Tentakel fein hacken.
3 Den Knoblauch abziehen und fein würfeln. Die Petersilie waschen, trockenschütteln, die Stängel entfernen und die Blätter fein hacken. Die Sardellenfilets abspülen und ebenfalls fein hacken.
4 In einem Topf das Olivenöl erhitzen. Die Hälfte des Knoblauchs und der Petersilie sowie die gehackten Sardellenfilets darin anbraten. Sobald der Knoblauch etwas Farbe angenommen hat, die Tintenfischringe und Tentakel dazugeben und leicht anbraten.
5 Mit dem Wein ablöschen, leicht salzen, mit Pfeffer würzen und auf kleiner Flamme im geschlossenen Topf 30 Minuten köcheln lassen. Während der gesamten Garzeit darauf achten, dass genügend Flüssigkeit im Topf ist, eventuell etwas Wasser angießen.
6 Die abgetropften Artischockenachtel und die ausgedrückte Tinte zugeben und alles weitere 20 Minuten köcheln lassen.
7 Vor dem Servieren das Gericht mit dem restlichen Knoblauch und der übrigen Petersilie bestreuen und sofort servieren.

Sogliole alla fiorentina
Seezungen auf Florentiner Art

Für 6 Portionen

Für die Béchamelsauce:
gut ¼ l Milch
50 g Butter
35 g Mehl
Salz · Pfeffer
1 Prise Muskat

1½ kg Spinat
90 g Butter
Salz
800 g Seezungenfilets
Pfeffer
etwas Mehl
knapp ¼ l Rotwein

Außerdem;
etwas Butter für die Form
3 EL geriebener Parmesan

1 Bereiten Sie zunächst die Béchamelsauce zu: Die Milch in einem Topf bis knapp vor den Siedepunkt erhitzen.

2 Inzwischen in einem anderen Topf bei schwacher Hitze die Butter zerlassen. Sobald sie vollständig geschmolzen ist, das ganze Mehl auf einmal zufügen und mit einem Holzlöffel unter ständigem Rühren etwa 2 Minuten anschwitzen. Dabei unbedingt darauf achten, dass das Mehl nicht bräunt.

3 Den Topf vom Herd nehmen und esslöffelweise die heiße Milch unterrühren. Wenn etwa die Hälfte der Milch verbraucht ist, die gesamte restliche Milch zugießen und alles glatt rühren. Den Topf zurück auf den Herd stellen, die Sauce salzen, pfeffern, mit Muskat würzen und weiterhin bei schwacher Hitze unter ständigem Rühren so lange köcheln lassen, bis eine glatte, dicke Béchamelsauce entstanden ist. Die Sauce beiseite stellen.

4 Den Backofen auf 200 °C vorheizen. Den Spinat verlesen, dabei die groben Stängel entfernen und die Blätter waschen. In einem ausreichend großen Topf knapp die Hälfte der Butter zerlassen, den nassen Spinat hineingeben, leicht salzen und im geschlossenen Topf auf kleiner Flamme etwa 5 Minuten dünsten. Vom Herd nehmen und beiseite stellen.

5 Die Seezungenfilets waschen, sorgfältig trockentupfen, mit Salz und Pfeffer würzen und in etwas Mehl wenden.

6 In einer Pfanne die restliche Butter zerlassen und die Filets darin kurz anbraten. Mit dem Wein ablöschen und den Fisch 8–10 Minuten dünsten. Die Fischfilets herausnehmen und die Flüssigkeit aus der Pfanne mit der Béchamelsauce verrühren.

7 Eine Auflaufform mit Butter einfetten, den Spinat darin verteilen, die Fischfilets darauf legen und mit der Béchamelsauce übergießen.

8 Mit Parmesan bestreuen und alles 10–15 Minuten im Ofen überbacken, bis der Käse eine schöne goldgelbe Kruste hat.

Der Lago di Chiusi ist einer der fischreichsten Seen der Region. Dank seiner geringen Wassertiefe und der vielen Quellwasserzuflüsse bildet er einen idealen Lebensraum für unzählige Fischarten. Tegamaccio, *eine Art* Cacciucco *(Rezept siehe Seite 98) aus Süßwasserfischen, ist die bekannteste Spezialität dieser Gegend.*

Tegamaccio

Fischsuppe aus Süßwasserfischen

1 Alle Fische unter fließendem Wasser gründlich waschen, Köpfe und Schwanzflossen entfernen und die Fische mitsamt den Gräten in relativ große Stücke zerteilen.
2 Den Knoblauch und die Zwiebel abziehen. Zwei Knoblauchzehen ganz lassen und beiseite legen, die restlichen sowie die Zwiebel fein hacken.
3 Die Kräuter waschen, trockenschütteln, die Stängel entfernen und die Blätter separat fein hacken, die Petersilie beiseite stellen.
4 Die Tomaten kurz mit heißem Wasser überbrühen, häuten, vierteln und entkernen, dabei die Stielansätze entfernen. Das Fruchtfleisch grob würfeln.
5 In einem Topf 3 EL Olivenöl erhitzen, die Zwiebel darin hell anschwitzen, den gehackten Knoblauch, Minze und Basilikum zufügen. Sobald der Knoblauch etwas Farbe angenommen hat, das Tomatenmark und die Tomatenwürfel zugeben, salzen und mit Chilipulver würzen. Alles auf kleiner Flamme zugedeckt etwa 20 Minuten köcheln lassen.
6 Inzwischen in einer großen Pfanne das restliche Olivenöl erhitzen und nach und nach die Fischstücke von allen Seiten darin anbraten. Mit dem Wein und dem Essig ablöschen und die Flüssigkeit verdampfen lassen.
7 Den Fisch aus der Pfanne nehmen und in die Tomatensauce legen. Auf kleiner Flamme im geschlossenen Topf etwa 25 Minuten in der Sauce ziehen lassen.
8 Kurz vor dem Ende der Garzeit die Brotscheiben rösten und kräftig mit den ganzen Knoblauchzehen einreiben.
9 Das Brot in eine große Servierschüssel legen, die Fischsuppe darüber gießen, mit der gehackten Petersilie bestreuen und sofort servieren.

Für 6 Portionen
2 kg küchenfertige gemischte Süßwasserfische: Schleie, Aal, Hecht, Karpfen
4 Knoblauchzehen
1 Zwiebel
je 1 Hand voll Bergminze oder eine andere Minzesorte, Basilikum und Petersilie
etwa 1 kg reife Tomaten
8 EL Olivenöl
2 EL Tomatenmark
Salz
1 Prise Chilipulver
gut 1/8 l Weißwein
2 EL Essig
6 Scheiben altbackenes Brot

Trote all'agro

Forellen in Zitronensauce

1 Die Forellen unter fließendem Wasser waschen und sorgfältig trockentupfen.
2 In einer Pfanne die Butter mit dem Olivenöl erhitzen. Die Temperatur reduzieren und die Forellen 12–15 Minuten in der Pfanne braten, dabei mehrmals wenden.
3 Kurz vor dem Ende der Garzeit den Zitronensaft mit Salz und Pfeffer verrühren und über die Forellen gießen.
4 Sobald die ganze Flüssigkeit verdampft ist, die Forellen auf einer vorgewärmten Platte anrichten und servieren.

Für 4 Portionen
4 küchenfertige Forellen
70 g Butter
1 EL Olivenöl
Saft von 2–3 Zitronen
Salz · Pfeffer

Luccio ripieno
Gefüllter Hecht

Für 4 Portionen
1 küchenfertiger Hecht von ca. 1,2 kg
3 Knoblauchzehen
1 Zwiebel · 2 Möhren
2 Stangen Staudensellerie
50 g Schinken, in dünne Scheiben geschnitten
30 g fetter Speck
6 EL Olivenöl
Salz · Pfeffer
gut ¼ l Weißwein

1 Den Backofen auf 180 °C vorheizen. Den Hecht unter fließendem kaltem Wasser gründlich waschen und trockentupfen.

2 Den Knoblauch und die Zwiebel abziehen und fein hacken. Die Möhren schälen, den Sellerie waschen und beides sehr fein würfeln. Den Schinken und den Speck ebenfalls fein würfeln. Die Zutaten vermischen und den Hecht mit zwei Dritteln der Würzmischung füllen.

3 Eine feuerfeste Form mit etwas Olivenöl einfetten, den Hecht hineinlegen und die restliche Würzmischung darüber verteilen. Großzügig mit Salz und Pfeffer würzen, mit dem restlichen Olivenöl beträufeln, den Wein angießen und die Form in den Backofen schieben.

4 Den Hecht im Ofen 30–40 Minuten garen, während dieser Zeit immer wieder mit dem Bratfond beschöpfen.

5 Den fertigen Fisch auf einer vorgewärmten Platte anrichten und sofort servieren.

Tinche con salsa verde
Schleien mit grüner Sauce

In der Umgebung von Siena gibt es mehrere Flüsse, die auch heute noch weitab von Kanalisations- und Fabrikabwässern liegen. Sie gelten als wahre Anglerparadiese und die Sieneser verstehen es meisterhaft, die Schleien und Hechte aus diesen Flüssen zuzubereiten.

Für 4 Portionen
1,5 kg küchenfertige Schleien mittlerer Größe
1 Knoblauchzehe
1 Zweig Rosmarin
3 EL Olivenöl · Salz ·Pfeffer

Für die grüne Sauce:
1 Sträußchen Petersilie
½ Chilischote
2 Knoblauchzehen
2–3 Sardellenfilets, in Öl eingelegt
2 TL kleine Kapern
1 EL in Essig eingelegtes Gemüse (Mixed Pickles)
1 hart gekochtes, geschältes Ei
3 EL Weinessig
8 EL Olivenöl extra vergine · Salz

1 Die Fische unter fließendem Wasser waschen und trockentupfen. In einem Topf so viel Wasser zum Kochen bringen, dass die Fische gut bedeckt sind. Die Schleien hineinlegen und die Hitze sofort stark reduzieren. Die Fische im offenen Topf 3–4 Minuten ziehen lassen, herausnehmen und unter fließendem Wasser abwaschen. Anschließend die Schleien filetieren und beiseite legen.

2 Inzwischen das Öl zum Braten aromatisieren: Den Knoblauch abziehen und mit einem schweren Messer zerdrücken. Die Rosmarinnadeln abstreifen und hacken. Das Öl mit Knoblauch, Salz, Pfeffer und Rosmarin vermischen und vor der Verwendung mindestens 30 Minuten ziehen lassen.

3 Für die grüne Sauce die Petersilie waschen, trockenschütteln, die Stängel entfernen und die Blätter fein hacken. Die Kerne aus der Chilischote entfernen und die Schote sehr fein hacken. Den Knoblauch abziehen und ebenfalls sehr fein hacken. Die Sardellenfilets, die Kapern, die Mixed Pickles und das Ei fein hacken. Alle vorbereiteten Zutaten mit dem Weinessig und dem Olivenöl vermischen und mit Salz abschmecken.

4 In einer Pfanne das aromatisierte Olivenöl erhitzen und die Fischfilets darin auf kleiner Flamme langsam von beiden Seiten braten. Alternativ können Sie die Filets auch mit dem Öl bestreichen und auf einer heißen Platte über der Gasflamme grillen.

5 Zum Servieren den Fisch auf einer vorgewärmte Platte anrichten und die grüne Sauce separat dazu reichen.

IGP
CHIANINA
IGP

Carne, pollame e selvaggina
Fleisch, Geflügel und Wild

In der Toskanischen Küche gibt es eine Vielzahl köstlicher Fleischgerichte – ob mit Schweine-, Rind- oder Lammfleisch, Innereien, Wild oder Geflügel. Die unterschiedlichen Regionen haben ihre Spezialitäten und neben aufwändigeren Rezepten aus der gehobenen Küche gibt es viele, die ihren Ursprung in der bäuerlichen, eher kargen Küche haben. Nichts desto weniger sind sie alle, auch die einfachsten, äußerst delikat – und das verdanken sie neben der Art der Zubereitung der durchwegs exzellenten Fleischqualität! Neben dem Prunkstück, der *Bistecca alla fiorentina*, möchte ich Ihnen einige weitere Klassiker vorstellen:

Porchetta
Spanferkel

Spanferkel gilt in der Toskana als der traditionelle Festbraten schlechthin, vor allem in den Provinzen Arezzo, Grossetto und Siena darf er bei keinem Festessen fehlen! Aber nicht nur zu besonderen Anlässen wird Spanferkel gegessen – auf den zahlreichen Wochenmärkten findet man stets Verkaufswagen, die frisch gebratenes Spanferkel anbieten – man kann sich scheibenweise etwas davon kaufen und gleich an Ort und Stelle mit einer Semmel verzehren.

Ein gutes Spanferkel darf maximal 20 kg wiegen – weniger Gewicht ist auf jeden Fall besser. Es wird kräftig gewürzt im Ganzen über Holzfeuer geröstet oder im Ofen gebraten. Es versteht sich von selbst, dass diese Spezialität nicht in jedem Haushalt zubereitet werden kann – schließlich braucht man einen Ofen, in den ein ganzes Spanferkel passt ...

Ich verzichte daher darauf, Ihnen das Originalrezept hier zu nennen und empfehle Ihnen lieber andere traditionelle Rezepte, die Sie gut nachkochen können:

Spezzatino di maiale
Schweinefleischragout

Für 4 Portionen
3 Knoblauchzehen
1 Sträußchen Salbei
800 g mageres Schweinefleisch aus der Schulter
4 große Tomaten
4 EL Olivenöl
knapp 1/8 l Weißwein
100 g schwarze Oliven, entsteint
Salz · Pfeffer

1 Den Knoblauch abziehen, die Salbeiblättchen von den Stängeln zupfen. Die Schweineschulter grob würfeln.

2 Die Tomaten kurz mit heißem Wasser überbrühen, häuten, vierteln und entkernen, dabei die Stielansätze entfernen. Das Fruchtfleisch würfeln.

3 In einem Topf das Olivenöl erhitzen, den Knoblauch und den Salbei darin kurz anbraten. Sobald der Knoblauch etwas Farbe annimmt, das Fleisch zugeben. Bei starker Hitze ringsherum anbraten und mit dem Wein ablöschen. Sobald der Wein verdampft ist, die Oliven zufügen, kurz mitschmoren lassen und die Tomaten zugeben.

4 Alles mit Salz und Pfeffer würzen, den Deckel auflegen und das Ragout etwa 1 1/2 Stunden auf kleiner Flamme köcheln lassen. Falls zu viel Flüssigkeit verdampft, eventuell noch etwas Wasser nachgießen.

Arista alla fiorentina

Schweinebraten auf Florentiner Art

Die italienische Bezeichnung arista *für das am Knochen gebratene Schweinekarree leitet sich vom griechischen Wort* aristos *(das Beste) ab. Und tatsächlich wird dieser Braten als das beste Stück des Schweins angesehen ...*

Es gibt eine bekannte Geschichte vom Besuch des byzantinischen Patriarchen, der 1439 anlässlich des Ökumenischen Konzils nach Florenz kam: Während eines ihm zu Ehren veranstalteten Abendessens soll ihm ein so exzellenter Schweinebraten serviert worden sein, dass er begeistert „Aristos!" rief, und seither nennen die Florentiner den so gepriesenen Schweinerückenbraten Arista.

Für 6 Portionen
1,5 kg Schweinekarree (Stielkotelett) ausgelöst, mit Knochen
2 Knoblauchzehen
1 EL frische Rosmarinnadeln
Salz
frisch gemahlener Pfeffer
3–5 EL Olivenöl
2–3 Zweige Rosmarin
1 kg fest kochende Kartoffeln

1 Den Backofen auf 170 °C vorheizen. Das Fleisch vom Metzger in einem Stück vom Knochen lösen lassen, den Knochen mitnehmen.
2 Den Knoblauch abziehen und fein hacken. Die Rosmarinnadeln ebenfalls hacken. Aus Knoblauch, Rosmarin, Salz, Pfeffer und 2 EL Olivenöl eine Würzmischung zubereiten.
3 Das Fleisch mit einem spitzen Messer an mehreren Stellen tief einschneiden und jeweils etwas von der Würzmischung in die Einschnitte geben. Anschließend das ganze Fleischstück ringsherum mit der restlichen Würzmischung einreiben.
4 Das gewürzte Fleisch auf den Knochen legen, die Rosmarinzweige obenauf legen und alles mit Küchengarn zusammenbinden.
5 Das restliche Olivenöl in einem Bräter erhitzen, das Fleisch mit dem Knochen nach unten hineinlegen und den Bräter in den Ofen schieben. Während des Bratens immer wieder mit dem ausgetretenen Bratensaft begießen.
6 Inzwischen die Kartoffeln schälen und in Stücke schneiden. Nach etwa 1 Stunde zum Braten geben und mitgaren. Nach 1 ½ Stunden die Temperatur auf 200 °C erhöhen und den Schweinebraten noch etwa 15 Minuten im Ofen lassen. Auf diese Weise bekommt er seine schöne goldgelbe Farbe.
7 Zum Servieren das Küchengarn, die Rosmarinzweige und den Knochen entfernen, das Fleisch in dicke Scheiben schneiden und auf einer vorgewärmten Servierplatte anrichten. Mit dem Bratensaft übergießen und mit den Kartoffeln auf den Tisch bringen.

Bistecchine di maiale con le olive

Schweineschnitzel mit Oliven

Für 4 Portionen
2 Knoblauchzehen
400 g Tomaten
3–4 EL Olivenöl
1 TL Wildfenchelsamen
4 Schweineschnitzel zu je 150 g
100 g schwarze Oliven, entsteint
Salz · Pfeffer

1 Den Knoblauch abziehen. Die Tomaten kurz mit heißem Wasser überbrühen, häuten, vierteln und entkernen, dabei die Stielansätze entfernen. Das Fruchtfleisch würfeln.
2 In einer großen Pfanne das Olivenöl erhitzen, die Knoblauchzehen und den Fenchelsamen darin anrösten. Sobald der Knoblauch etwas Farbe angenommen hat, die Schweineschnitzel in die Pfanne legen und bei starker Hitze von beiden Seiten anbraten.
3 Sobald die Schnitzel leicht gebräunt sind, die Oliven zufügen, etwa 1 Minute mitbraten, anschließend die Tomaten zugeben.
4 Salzen, pfeffern und ohne Deckel schmoren lassen, bis die Kochflüssigkeit verdunstet ist.

Cosciotto suino alla Maremma
Schweinekeule auf Maremma Art

Für 12 Portionen
3–4 Knoblauchzehen
1 EL frische Rosmarinnadeln
½ TL Wildfenchelsamen
Salz · Pfeffer
5 EL Olivenöl
1 ganze entbeinte Keule von einem jungen Spanferkel (höchstens 3–4 kg)
½ l Rotwein

1 Den Backofen auf 180 °C vorheizen. Den Knoblauch abziehen und fein hacken. Die Rosmarinnadeln hacken. Fenchel, Salz, Pfeffer, Rosmarin, Knoblauch und 1 EL Olivenöl zu einer Würzmischung verarbeiten.

2 Die Schweinekeule innen und außen kräftig mit der Würzmischung einreiben, anschließend mit Küchengarn säuberlich umwickeln und zusammenbinden.

3 Das restliche Olivenöl in einem Bräter erhitzen, das Fleisch hineinlegen und von allen Seiten gut anbraten. Anschließend in den Ofen schieben und etwa 2 Stunden braten.

4 Während der Garzeit das Fleisch immer wieder mit dem ausgetretenen Bratensaft begießen und nach etwa 1 Stunde den Rotwein über die Keule gießen.

5 Zum Servieren das Küchengarn entfernen. Das Fleisch in Scheiben schneiden, auf einer vorgewärmten Servierplatte anrichten und mit dem Bratensaft übergießen.

Als Beilagen zu diesem leckeren Braten passen übrigens ganz besonders gut Stängelkohl (Rezept siehe Seite 78) und im Ofen mitgeschmorte Kartoffeln (siehe Rezept Arista alla fiorentina, Seite 115).

Fegatelli di maiale all'aretina
Schweineleber auf Aretiner Art

Das Rezept für diese köstliche im Netz gebratene Schweineleber kommt ursprünglich aus Arezzo, gehört jedoch auch in der Provinz Siena schon seit jeher zu den Standardgerichten.

Unter Schweinenetz versteht man die Membran des Bauchfells, die aus einem netzartigen Fettgewebe besteht. Fleisch, das im Schweinenetz zubereitet wird, trocknet nicht aus und wird herrlich aromatisch, da sich beim Garen das Fett vollständig auflöst. Es empfiehlt sich allerdings, beim Metzger vorzubestellen, weil Schweinenetz nicht immer vorrätig ist.

Für 4 Portionen
etwa 300 g Schweinenetz
2–3 Knoblauchzehen
¼ TL getrocknete Fenchelsamen
Salz · Pfeffer
450 g Schweineleber
1 paar Stängel Wildfenchel, alternativ Zahnstocher
5–6 EL Olivenöl
knapp ⅛ l Rotwein

1 Das Schweinenetz gut waschen und 5–10 Minuten in lauwarmem Wasser einweichen.

2 Den Knoblauch abziehen, sehr fein hacken und mit den Fenchelsamen sowie Salz und Pfeffer gut vermischen.

3 Die Leber waschen, trockentupfen und in etwa hühnereigroße Stücke schneiden.

4 Das Schweinenetz aus dem Wasser nehmen, ausbreiten und in so große Stücke zerschneiden, dass sich die Leberstücke einzeln gut darin einwickeln lassen.

5 Die Leber mit der Würzmischung kräftig einreiben und jeweils in ein Stück Schweinenetz einwickeln. Die Netzenden mit einem Wildfenchelstängel zusammenstecken (falls Sie keinen bekommen, tut es auch ein Zahnstocher, dann allerdings etwas mehr getrockneten Fenchelsamen mit in die Würzmischung geben).

6 In einer großen Pfanne das Olivenöl erhitzen und die Leberpäckchen von allen Seiten darin anbraten. Den Rotwein angießen, die Hitze reduzieren und die Leber in 6–8 Minuten auf kleiner Flamme fertig braten.

Vitello in arrosto morto

Geschmorter Kalbsbraten

Der Begriff arrosto morto *bezeichnet in der Toskana Braten, die im Backofen oder auf dem Herd, in jedem Fall aber auf einem Gemüsebett geschmort werden. Im Gegensatz dazu gibt es* arrosto in porchetta, *also am Spieß über offenem Feuer gebratenes Fleisch.*

In der Gegend von Montichiello, Pienza und Montepulciano gibt man meist noch Kräuter wie Rosmarin, Salbei und gelegentlich auch ein wenig Thymian in die Würzmischung. Diese Variante finde ich übrigens ganz besonders wohlschmeckend! Hier aber die Urfassung des Rezeptes:

Für 4 Portionen
2–3 Knoblauchzehen
75 g Bauch- oder Rückenspeck
Salz · Pfeffer
850 g mageres Kalbfleisch (aus der Nuss)
4 EL Olivenöl
etwas Butter oder Schweineschmalz
knapp 1/8 l Weißwein
etwa 1/4 l heiße Brühe
8 fest kochende Kartoffeln
1 Zweig Rosmarin

1 Den Backofen auf 180 °C vorheizen. Den Knoblauch abziehen und fein hacken. Den Speck sehr fein würfeln und beides mit Salz und Pfeffer vermischen.

2 Mit einem spitzen Messer kleine Taschen in das Fleisch schneiden, mit einem Teil der Würzmischung füllen und mit dem Rest das Fleisch ringsherum einreiben.

3 In einen flachen Bräter das Olivenöl und ein paar Butter- oder Schmalzflöckchen geben. Das Fleisch hineinlegen, in den Backofen schieben und etwa 1 1/4 Stunden braten.

4 Von Zeit zu Zeit löffelweise mit Wein und Brühe beschöpfen.

5 Inzwischen die Kartoffeln schälen, in Stücke schneiden und etwa 40 Minuten vor dem Ende der Garzeit in den Bräter geben. Salzen und den Rosmarinzweig zufügen.

6 Wenn der Braten eine schöne haselnussbraune Farbe angenommen hat, das Fleisch aus dem Ofen nehmen und in Scheiben geschnitten auf einer vorgewärmten Servierplatte anrichten. Die Kartoffeln mit auf die Platte legen, die Bratensauce getrennt dazu servieren.

Vitello al latte

In Milch geschmortes Kalbfleisch

Für 4 Portionen
850 g Kalbsnuss
etwas Mehl
2 Lauchstangen
1 Knoblauchzehe
100 g Butter
1 Zweig Majoran
ein paar Lorbeerblätter
Salz · Pfeffer
etwa 1 l heiße Milch

1 Das Fleisch mit Küchengarn umwickeln, damit es beim Braten seine Form behält, und mit etwas Mehl bestäuben.

2 Vom Lauch den oberen grünen Teil entfernen, den Rest gründlich waschen und in feine Ringe schneiden. Den Knoblauch abziehen und fein würfeln.

3 In einem Bratentopf 80 g Butter zerlassen und das Fleisch mit Lauch und Knoblauch hineinlegen. Von allen Seiten langsam anbraten, Majoran und Lorbeerblätter zufügen, salzen und pfeffern.

4 Wenn das Fleisch ringsherum goldgelb angebraten ist, die heiße Milch angießen und das Gericht zugedeckt auf kleiner Flamme etwa 2 Stunden schmoren lassen.

5 Anschließend das Fleisch aus der Sauce nehmen und beiseite stellen.

6 Die Sauce durch ein Sieb gießen, zurück in den Topf geben und 1 TL Mehl und die restliche Butter hineinrühren. Noch einmal aufkochen lassen.

7 Inzwischen den Braten tranchieren und auf einer vorgewärmten Platte anrichten. Mit etwas heißer Sauce übergießen, die restliche Sauce getrennt dazu reichen.

Bistecca alla fiorentina
Rindersteak auf Florentiner Art

Bistecca alla fiorentina *ist der ganze Stolz der Florentiner Küche und ein echter Leckerbissen für alle Fleischliebhaber! Ausschlaggebend für diesen Genuss ist die Fleischqualität – für eine richtige Fiorentina wird nur das Fleisch von sehr jungen weißen Chianina-Rindern verwendet. Es muss aus dem Lendenstück geschnitten sein und besteht aus Filet und Konterfilet mit einem T-förmigen Knochen in der Mitte. Ersatzweise können Sie zwar das Fleisch einer anderen Rinderrasse verwenden, doch damit ist der unvergleichliche Geschmack einer echten Bistecca alla fiorentina nicht ganz zu erreichen … Wie dem auch sei, vielleicht haben Sie ja die Gelegenheit, das „richtige" Fleisch zu bekommen, daher verrate ich Ihnen hier, wie's gemacht wird.*

Am besten gelingt das Fleisch, wenn man es über Holzkohle grillt. Falls das nicht möglich ist, können Sie es auch auf andere Art zubereiten, zum Beispiel unter dem Backofengrill oder auf einer heißen Platte über der Gasflamme. Wichtig ist, dass es grundsätzlich ohne Öl gegrillt und keinesfalls durchgebraten werden darf! Übrigens: Alles, was Sie neben Salz und eventuell Pfeffer zum Würzen verwenden, wäre ein Sakrileg!

Für 2 Portionen
1 T-Bone-Steak von 800–1000 g, möglichst vom Chianina-Rind
Salz
evtl. frisch gemahlener Pfeffer

1 Das Fleisch sollte unbedingt Zimmertemperatur haben, also bitte rechtzeitig aus dem Kühlschrank nehmen!
2 Den Holzkohlengrill anheizen. Wenn sich eine kräftige Glut gebildet hat, das Fleisch mit einer Zange – nie mit einer Gabel das Fleisch anstechen! – darauf legen. Der richtige Abstand zur Glut beträgt etwa 10 cm. Das Steak genau 5 Minuten grillen, salzen und mit der Zange wenden. Die zweite Seite ebenfalls 5 Minuten grillen und anschließend mit etwas Salz bestreuen.
3 Das Fleisch auf ein Holzbrett legen und – wenn's denn sein muss – mit frisch gemahlenem Pfeffer würzen. Den Mittelknochen auslösen, Filet und Konterfilet quer in etwa 4 cm breite Streifen schneiden und servieren. Guten Appetit!

Tagliata di manzo
Rinderlende mit Rucola

Für 4 Portionen
300 g Rucola
1,2 kg Rinderlende am Stück
8 EL Olivenöl
1 Zweig Rosmarin
Salz · frisch gemahlener Pfeffer
1 Zitrone

1 Den Rucola verlesen und eventuell die harten Stängel entfernen. Den Salat gründlich waschen, abtropfen lassen und auf vier Teller verteilen.
2 Die Rinderlende in vier Portionsstücke zerteilen. In einer großen Pfanne sehr wenig Öl erhitzen und die Lendenscheiben bei starker Hitze von allen Seiten 1–2 Minuten darin braten. Das Fleisch soll außen schön knusprig und innen noch rosa mit einem rohen Kern sein.
3 Das Fleisch aus der Pfanne nehmen und kurz in Alufolie einwickeln. Inzwischen das restliche Öl in der Pfanne mit dem Rosmarin erhitzen; sobald er leicht zu bräunen beginnt, wieder aus der Pfanne nehmen.
4 Das Fleisch aus der Folie nehmen, schräg in etwa 5 mm dicke Scheiben schneiden, auf dem Salat anrichten und mit dem ausgetretenen Fleischsaft und dem aromatisierten Öl beträufeln. Salzen, pfeffern, mit Zitronenachteln garnieren und sofort servieren.

Stracotto

Rinderschmorbraten

Dieser butterweiche, aromatische Schmorbraten ist in der gesamten Toskana ein beliebtes Gericht. Die Zutaten variieren von Ort zu Ort ein wenig, da sich das Rezept mit unterschiedlichem Gemüse nach Lust und Laune abwandeln lässt. Der Name stracotto *verrät schon etwas über die Zubereitung: Das Fleisch wird extra lang geschmort und dadurch besonders mürb. Das Rezept, das ich Ihnen hier verrate, ist das klassische und stammt aus der Florentiner Küche. Dazu passen wunderbar Kartoffelbrei und ein guter Chianti!*

Für 4 Portionen
2–3 Knoblauchzehen
60 g gepökelter Bauchspeck
Salz · Pfeffer
800 g Rindfleisch aus der Hüfte (oberes Keulenstück)
1 Möhre
1 Stange Staudensellerie
1 Zwiebel
400 g Tomaten
4 EL Olivenöl
gut 1/4 l Rotwein (möglichst Chianti)
etwas Brühe

1 Den Knoblauch abziehen und fein hacken. Den Speck sehr fein würfeln und beides mit Salz und Pfeffer vermischen. Mit dieser Würzmischung das Fleisch aromatisieren: Dazu kleine Taschen in das Fleisch schneiden und die Speckmischung hineingeben.

2 Die Möhre schälen, den Sellerie waschen und die Zwiebel abziehen. Alles fein würfeln. Die Tomaten kurz mit heißem Wasser überbrühen, häuten, vierteln und entkernen, dabei die Stielansätze entfernen. Das Fruchtfleisch fein würfeln.

3 In einem Topf das Olivenöl erhitzen und die Möhre, den Sellerie sowie die Zwiebel darin anbraten. Sobald die Zwiebelwürfel etwas Farbe angenommen haben, das Fleischstück dazugeben und von allen Seiten gleichmäßig anbraten.

4 Mit dem Rotwein ablöschen. Sobald er verdampft ist, die Tomaten und eine Schöpfkelle Brühe dazugeben, salzen.

5 Die Temperatur reduzieren und den Braten auf kleinster Flamme im geschlossenen Topf mindestens 3 Stunden schmoren lassen. Hin und wieder etwas Brühe nachgießen, damit das Fleisch nicht austrocknet.

6 Den fertigen Schmorbraten tranchieren, auf einer vorgewärmten Servierplatte anrichten und die Sauce getrennt dazu reichen.

Agnello fritto

Frittierte Lammkoteletts

Für 4 Portionen
2 Eier · Salz
etwa 600 g dünne Lammkoteletts
150 g Semmelbrösel
reichlich Sonnenblumenöl zum Ausbacken
1 Zitrone

1 Die Eier mit etwas Salz verquirlen. Die Lammkoteletts mit einem Fleischklopfer leicht klopfen, durch die verquirlten Eier ziehen und in den Semmelbröseln wenden. Die Brösel etwas festklopfen.

2 In einer hohen Pfanne reichlich Öl erhitzen und die panierten Koteletts in dem heißen Fett frittieren. Sobald sie auf einer Seite eine goldgelbe, nicht zu dunkle Farbe angenommen haben, wenden und auf der zweiten Seite ebenfalls knusprig werden lassen.

3 Die fertigen Koteletts auf Küchenpapier kurz abtropfen lassen und mit Zitronenachteln garniert servieren.

Buglione di agnello
Lammschmortopf

Für 4–6 Portionen
Für die Marinade:
1–2 Möhren
1 Stange Staudensellerie
1/8 l Rotwein
1 EL Weinessig
1 Zweig Rosmarin
einige Salbeiblättchen
3 Lorbeerblätter

1 kg Lammfleisch aus der Schulter
500 g Zwiebeln
2–3 Knoblauchzehen
1/2 Chilischote
2–3 Scheiben Bauchspeck
350 g Tomaten
4–5 EL Olivenöl
gut 1/8 l Fleischbrühe
Salz · Pfeffer
150 g Spinat
150 g Mangold

Außerdem:
3 Knoblauchzehen
1 Hand voll Bergminze
oder eine andere Minzesorte
6 Scheiben toskanisches Landbrot

1 Am Vortag die Marinade herstellen: Die Möhren schälen, den Sellerie waschen und beides fein würfeln. Rotwein, Essig, Möhren, Sellerie, Rosmarin, Salbei und Lorbeerblätter in einem Topf kurz aufkochen und abkühlen lassen.
2 Das Fleisch in 4–5 cm große Würfel schneiden und mit der erkalteten Marinade übergießen. Zugedeckt bis zur Weiterverwendung stehen lassen.
3 Am nächsten Tag das Fleisch aus der Marinade nehmen und trockentupfen. Die Marinade durch ein Sieb gießen, Gemüse und Flüssigkeit getrennt beiseite stellen.
4 Die Zwiebeln und den Knoblauch abziehen und fein hacken. Die Chilischote klein schneiden und die Kerne dabei entfernen. Den Bauchspeck fein würfeln. Die Tomaten kurz mit heißem Wasser überbrühen, häuten, vierteln und entkernen, dabei die Stielansätze entfernen. Das Fruchtfleisch grob würfeln.
5 In einem großen Schmortopf das Olivenöl erhitzen und das Fleisch von allen Seiten kurz darin anbraten. Die Temperatur reduzieren und bei geringer Hitze so lange weiterbraten, bis das Fleisch keine Flüssigkeit mehr abgibt.
6 Die Zwiebeln, den Knoblauch und die Chilischote zufügen, kurz anbraten und mit der Marinade ablöschen.
7 Die Flüssigkeit kurz einkochen lassen, die Tomaten und das Gemüse aus der Marinade sowie den gewürfelten Speck zufügen. Die Brühe angießen, salzen und pfeffern und das Fleisch auf kleiner Flamme zugedeckt 1 1/2–2 Stunden schmoren lassen. Falls während des Schmorens zu viel Flüssigkeit verdampft, noch etwas heiße Brühe angießen. Das Fleisch sollte immer gut mit Flüssigkeit bedeckt sein.
8 Inzwischen den Spinat und den Mangold waschen und grob hacken. Etwa 15 Minuten vor dem Ende der Garzeit zum Fleisch geben.
9 Vor dem Anrichten die Knoblauchzehen abziehen. Die Minze waschen, trockenschütteln, die Blätter von den Stängeln zupfen und fein hacken.
10 Das Brot rösten und jede Scheibe kräftig mit Knoblauch einreiben. Die Brotscheiben in eine große Terrine legen und mit dem Lammschmortopf bedecken. Die Minze darüber streuen und das Gericht sofort servieren.

Agnello arrosto
Gebratene Lammkeule

Für 6 Portionen
2 Knoblauchzehen
1 EL frische Rosmarinnadeln
Salz · Pfeffer
1 schöne Lammkeule
von etwa 1,2 kg
6 EL Olivenöl
1/8 l Weißwein

1 Den Backofen auf 180 °C vorheizen. Den Knoblauch abziehen. Zusammen mit dem Rosmarin fein hacken und mit Salz und Pfeffer vermischen.
2 Die Lammkeule mit kaltem Wasser abspülen, trockentupfen und mit der Würzmischung kräftig einreiben.
3 In einem flachen Bräter 4 EL Olivenöl erhitzen, das Fleisch hineinlegen und kräftig von allen Seiten anbraten. Das restliche Olivenöl über das Fleisch träufeln und den Braten in den Backofen schieben.

4 Während der Garzeit – das Fleisch braucht 2–2 ½ Stunden – immer wieder mit dem Bratfond und etwas Weißwein begießen. Die fertig gebratene Keule sollte schön weich sein und sich leicht vom Knochen lösen lassen.
5 Zum Anrichten das Fleisch in Scheiben schneiden und mit dem Bratfond begießen.

Natürlich können Sie dieses Gericht ebenso gut mit Zicklein (capretto) *zubereiten. Die passende Beilage können Sie gleichzeitig herstellen: Geben Sie eine gute halbe Stunde vor dem Ende der Garzeit geschälte, in Stücke geschnittene Kartoffeln (fest kochende Sorte) in den Bräter und servieren Sie sie zum Fleisch.*

Arrosto misto

Gemischter Braten

Für 6 Portionen

1 junges Hähnchen (etwa 1 kg), küchenfertig
2 junge Tauben, küchenfertig
1 Kaninchen (etwa 1 kg), küchenfertig
2–3 Knoblauchzehen
1 EL frische Rosmarinnadeln
einige Salbeiblättchen
Salz · Pfeffer
einige Scheiben Bauchspeck
3 EL Olivenöl
½ l Weißwein
12 fest kochende Kartoffeln
6–8 Salsicce *oder andere Schweinsbratwürste*

1 Den Backofen auf 200 °C vorheizen. Das Geflügel und das Kaninchen gründlich waschen und mit Küchenpapier trockentupfen.
2 Den Knoblauch abziehen und sehr fein würfeln. Den Rosmarin und die Salbeiblättchen fein hacken. Alles mit Salz und Pfeffer vermischen.
3 Das Fleisch innen und außen mit dieser Würzmischung kräftig einreiben. Das Kaninchen mit dem Speck umwickeln und mit Küchengarn fixieren. Die Tauben und das Hähnchen mit Küchengarn umwickeln, damit das Geflügel beim Braten seine Form behält.
4 Alles nebeneinander in einen ausreichend großen Bräter legen, mit dem Olivenöl beträufeln und für etwa 1 ½ Stunden in den Backofen schieben. Während der Garzeit das Fleisch von Zeit zu Zeit mit etwas Weißwein begießen und mit dem Bratfond beschöpfen.
5 Inzwischen die Kartoffeln schälen und in Stücke schneiden. Nach etwa 50 Minuten die Kartoffelstücke zum Fleisch geben und mitgaren.
6 Nach weiteren 25 Minuten die Bratwürste auf die Kartoffeln legen, noch einmal alles mit etwas Wein begießen und weitere 15 Minuten braten.
7 Vor dem Servieren das Fleisch tranchieren und auf einer vorgewärmten Platte mit den Kartoffeln und den Bratwürsten anrichten. Alles mit dem Bratfond übergießen und sofort auf den Tisch bringen.

Scottiglia
Schmortopf aus gemischtem Fleisch

Für 6–8 Portionen
250 g Kalbshüfte
250 g mageres Schweinefleisch
½ Hähnchen · ½ Kaninchen
250 g Lammschulter
1 küchenfertige Taube
1 große Zwiebel
1 Stange Staudensellerie, 1 Möhre
1–2 getrocknete Chilischoten
1 Sträußchen Petersilie
600 g geschälte Tomaten aus der Dose
6–7 EL Olivenöl
⅛–¼ l trockener Weißwein
gut ½ l heiße Brühe · Salz

Außerdem:
8 Scheiben altbackenes Weißbrot
evtl. frisch gemahlener Pfeffer

1 Das Fleisch waschen, trockentupfen und in nicht zu große Stücke schneiden. Das Geflügel entbeinen und ebenfalls zerteilen.
2 Die Zwiebel schälen, den Sellerie waschen, die Möhre schälen und alles fein hacken. Die Chilischoten mit einem Messer fein hacken.
3 Die Petersilie waschen, trockenschütteln, die Stängel entfernen und die Blätter sehr fein hacken. Die Tomaten abgießen und das Fruchtfleisch grob würfeln.
4 In einem großen Topf, in dem das gesamte Fleisch Platz hat, das Olivenöl erhitzen. Zwiebel, Sellerie, Möhre, die Chilischote und die Petersilie darin anbraten. Sobald die Zwiebelwürfel etwas Farbe angenommen haben, die Fleischstücke dazugeben und von allen Seiten gleichmäßig anbraten.
5 Mit dem Wein ablöschen. Sobald er verdampft ist, die Tomaten und etwas heiße Brühe zugeben, salzen. Das Fleisch sollte fast mit Flüssigkeit bedeckt sein.
6 Die Temperatur reduzieren und alles bei schwacher Hitze zugedeckt etwa 1 ½ Stunden schmoren lassen. Zwischendurch immer wieder etwas heiße Brühe nachgießen, falls zu viel Flüssigkeit verdampft ist. Am Schluss muss das Fleisch weich, darf aber nicht verkocht sein.
7 Vor dem Servieren die Brotscheiben rösten, in eine große Servierschüssel legen und das geschmorte Fleisch mit der Sauce darüber verteilen. Ein paar Minuten ruhen lassen, damit sich das Brot mit der Sauce voll saugen kann.
8 Bei Tisch eventuell mit frisch gemahlenem Pfeffer nachwürzen.

Coniglio alla cacciatora
Kaninchen nach Jägerinnenart

Für 4–6 Portionen
Für die Marinade:
1 l Wasser
1 l Weißwein
gut ¼ l Weinessig

1 großes küchenfertiges Kaninchen von ca. 2 kg mit Innereien
etwas Essig
4 Knoblauchzehen
1 kleine Dose geschälte Tomaten
1 Zwiebel
5–6 EL Olivenöl
2 Zweige Rosmarin
¾ l Rotwein
1 EL Tomatenmark
Salz · Pfeffer

1 Wasser, Wein und Essig für die die Marinade mischen. Das Kaninchen mit etwas Essig abwaschen, die Innereien beiseite legen und das Kaninchen 2–3 Stunden in die Marinade einlegen. Die Innereien putzen und grob hacken.
2 Den Knoblauch abziehen. Die Tomaten zerkleinern, den Saft aus der Dose beiseite stellen. Die Zwiebel abziehen und würfeln.
3 Das Kaninchen aus der Marinade nehmen, trockentupfen und in 12 Stücke zerteilen.
4 In einem großen Topf das Olivenöl erhitzen und die Zwiebelwürfel darin anbraten. Sobald sie etwas Farbe angenommen haben, die ganzen Knoblauchzehen, den Rosmarin und kurz darauf die Innereien zufügen. Nach 1–2 Minuten die Kaninchenstücke in den Topf geben und ringsherum gut anbraten.
5 Mit dem Wein ablöschen, die Tomaten zusammen mit dem Saft zugeben und alles langsam zum Kochen bringen.
6 Die Temperatur zurückschalten, das Tomatenmark einrühren, salzen, pfeffern und alles auf kleiner Flamme im geschlossenen Topf knapp 1 Stunde schmoren lassen.
7 Das Fleisch zusammen mit der Sauce servieren.

Pollo in fricassea
Hühnerfrikassee

Für 4 Portionen
1 küchenfertiges Hühnchen (etwa 1 kg)
1 kleine Zwiebel
1 Schalotte
1 Knoblauchzehe
80 g Butter · 3 EL Olivenöl
knapp 1/4 l Brühe
1/8 l Weißwein
Salz · Pfeffer
ein paar Salbeiblättchen
1 TL Mehl
Saft von 1 Zitrone
2 Eigelbe

1 Das Hühnchen waschen, trockentupfen und in 12–14 Stücke zerteilen.

2 Die Zwiebel und die Schalotte abziehen und fein würfeln. Den Knoblauch abziehen und ganz lassen.

3 In einem großen Topf die Butter mit dem Olivenöl erhitzen und die Zwiebel- und Schalottenwürfel darin hell anschwitzen. Sobald sie etwas Farbe angenommen haben, den Knoblauch und die Hühnchenteile dazugeben und von allen Seiten anbraten.

4 Mit Brühe und Weißwein ablöschen, die Flüssigkeit etwas einkochen lassen und die Temperatur reduzieren. Salzen und pfeffern, den Salbei zufügen und alles auf kleiner Flamme zugedeckt etwa 45 Minuten köcheln lassen. Anschließend die Knoblauchzehe und den Salbei entfernen.

5 Das Mehl mit etwas Wasser klümpchenfrei anrühren und in die Sauce einrühren. Ein paar Minuten kochen lassen.

6 Den Topf vom Herd nehmen. Den Zitronensaft mit dem Eigelb verquirlen und in die Sauce rühren. Den Topf 1 Minute auf den Herd zurückstellen und weiterrühren, bis die Sauce eine cremige Konsistenz hat. Achten Sie jedoch darauf, dass die Sauce nicht mehr kocht, sonst stockt sie sofort.

Auf diese Weise können Sie auch ein Frikassee aus Truthahn, Kaninchen oder Kalbfleisch (aus der Haxe, Kochzeit etwa 1 Stunde) zubereiten.

Pollo con le olive
Hühnchen mit Oliven

Für 4–6 Portionen
1 küchenfertiges Hühnchen (etwa 1 kg)
1 Zwiebel · 2 Knoblauchzehen
5 EL Olivenöl
knapp 1/8 l Weißwein
100 g schwarze Oliven
1 Zweig Rosmarin
1 EL Essig (Balsamico)
Salz · Pfeffer

1 Das Hühnchen waschen, trockentupfen und in 12–14 Stücke zerteilen.

2 Die Zwiebel abziehen und fein würfeln. Den Knoblauch häuten und in dünne Scheiben schneiden.

3 In einem großen Topf das Olivenöl erhitzen und die Zwiebelwürfel darin hell anschwitzen. Sobald sie etwas Farbe angenommen haben, das Fleisch zugeben und von allen Seiten anbraten. Mit dem Wein ablöschen und alles bei geringer Hitze zugedeckt etwa 30 Minuten köcheln lassen.

4 Anschließend den Knoblauch, die Oliven, den Rosmarinzweig und den Essig zufügen. Salzen, pfeffern und alles noch etwa 10 Minuten weiterköcheln lassen.

5 Vor dem Servieren den Rosmarin wieder entfernen.

Statt des Hühnchens können Sie auf die gleiche Art auch ein Perlhuhn (faraona) *zubereiten – ich versichere Ihnen, es schmeckt einfach köstlich!*

Pollo fritto alla fiorentina

Backhühnchen auf Florentiner Art

Am 4. Oktober feiert man in Fiesole bei Florenz das Fest des heiligen Franziskus mit am Spieß gebratenem oder gebackenem Hühnchen, das zusammen mit Brot überall auf den Straßen verkauft wird. Im Frühjahr hingegen wird in der Gegend um Florenz frittiertes Hühnchen gern zusammen mit gebackenen Artischocken, oft sogar gemeinsam mit ebenso zubereitetem Kaninchen serviert.

Das nachstehend beschriebene Gericht ist übrigens vor allem bei Kindern sehr beliebt ... aber auch ich muss sagen: Es schmeckt sehr lecker!

Für 4 Portionen
1 junges küchenfertiges Hühnchen (etwa 700 g)
2 Eier · Saft von 2 Zitronen
Salz · Pfeffer
Schweineschmalz oder Pflanzenöl zum Frittieren

Außerdem:
etwas Mehl · 1 Zitrone

1 Das Hühnchen waschen, trockentupfen und in 12–14 Stücke zerteilen. Die einzelnen Fleischstücke mit dem Fleischklopfer leicht klopfen.
2 Die Eier mit dem Zitronensaft sowie Salz und Pfeffer verquirlen und die Hühnchenstücke etwa 2 Stunden darin einlegen.
3 In einem großen hohen Topf reichlich Fett zum Frittieren erhitzen.
4 Die Hühnchenstücke aus dem verquirlten Ei nehmen und in etwas Mehl wenden. Salzen, pfeffern und sofort in das siedende Fett geben.
5 Die goldgelb gebackenen Hühnchenstücke mit einem Schaumlöffel aus dem Topf nehmen, kurz auf Küchenpapier abtropfen lassen und sofort mit Zitronenspalten servieren.

Faraona alla creta

Perlhuhn aus dem Tontopf

Dies ist ganz sicher die beste Art, ein Perlhuhn zuzubereiten. Das Rezept war vor allem in der Gegend von Siena bekannt und ist leider ein wenig in Vergessenheit geraten. Ich finde allerdings, dass es sich unbedingt lohnt, es wieder auf den Speisezettel zu setzen!

Für 4 Portionen
1 küchenfertiges Perlhuhn von ca. 1,2 kg
einige Salbeiblättchen
1 TL frische Rosmarinnadeln
einige Wacholderbeeren
Salz · Pfeffer · 1 EL Butter
einige dünn geschnittene Scheiben durchwachsener Speck

Außerdem:
Butter zum Einfetten
Salz

1 Den Tontopf (Römertopf)mindestens 4 Stunden wässern.
2 Das Perlhuhn waschen und trockentupfen. Die Kräuter und die Wacholderbeeren hacken und mit Salz, Pfeffer und der Butter vermischen. Das Perlhuhn damit füllen.
3 Die Speckscheiben auf die Brust legen und das Perlhuhn mit Küchengarn zusammenbinden, damit es beim Braten seine Form behält.
4 Ein großes Stück Pergamentpapier mit reichlich Butter bestreichen, mit Salz bestreuen und das Perlhuhn fest darin einwickeln. In den Tontopf setzen, den Deckel schließen und den Topf in den kalten (!) Backofen stellen.
5 Die Temperatur auf 170 °C einstellen und das Perlhuhn 2 Stunden im Ofen garen.
6 Zum Servieren den geschlossenen Tontopf auf den Tisch bringen, den Deckel abnehmen und das Pergamentpapier öffnen. Der köstliche Duft, der dem Topf entströmt, wird allen Gästen das Wasser im Munde zusammenlaufen lassen!

Fagiano rinascimentale

Fasan nach Renaissanceart

Die Überlieferung besagt, dass dieses Rezept in Siena, im Hause des Edelmannes Nicolò de' Salimbeni entstanden sei. Mit einer Gruppe ebenso reicher wie zügelloser junger Leute brachte er in wenigen Jahren mit Ausschweifungen aller Art sein gesamtes Vermögen durch. Es heißt, dass Salimbeni anlässlich seiner Festgelage Unsummen für die Beschaffung ausgefallener, erlesener Speisen und Gewürze ausgab. So ließ er beispielsweise seine Fasane über Kohlebecken braten, in denen gleich haufenweise Gewürznelken in der Glut lagen ... Der Palast, in dem diese Schlemmerorgien stattfanden, erhielt den Namen Palazzo della Consuma *(Palast der Prasser).*

Die jungen Lebemänner endeten zwar in bitterster Armut, doch der Adel von Siena griff einige ihrer extravaganten Rezepte auf, wie zum Beispiel dieses. Es fand natürlich am Hofe der Medici großen Anklang und wurde daher auch unter dem Namen Fagiano alla Medicea *(Fasan auf Medici-Art) bekannt.*

Ganz wichtig für das gute Gelingen dieses Gerichts ist eine glückliche Hand bei der Wahl des Weins, der auf jeden Fall eher kräftig sein muss. Servieren Sie zum Essen den gleichen Wein, mit dem der Fasan zubereitet wurde – also zum Beispiel einen schweren Jahrgangs-Chianti.

Hier nun das Rezept, wie es überliefert wurde:

Für 4 Portionen

1 küchenfertiger Fasan
Salz · Pfeffer
100 g Speck in Scheiben
2 weiße Zwiebeln · 4 EL Olivenöl
6–8 Lorbeerblätter
etwa 1/4 l sehr guter Chianti
1 EL Weinessig

Für die Füllung:
2 frische Salsicce *oder andere grobe Schweinsbratwürste*
je 1 gestrichener TL gemahlene Gewürznelken, Zimt und Muskatnuss
Schale von 1 Zitrone
6 Backpflaumen

Für die Sauce:
3 Frühlingszwiebeln · 2 Möhren
4–6 zarte Sellerieherzen (die zarten inneren Teile vom Staudensellerie)
Salz · 6 Backpflaumen
knapp 1/8 l sehr guter Chianti
1 Gläschen Vin Santo

1 Den Fasan waschen, trockentupfen und außen mit Salz und Pfeffer einreiben.

2 Für die Füllung die Bratwürste enthäuten und zerkleinern. Nelken, Zimt und Muskat darunter mischen. Die Zitronenschale in feine Streifen schneiden. Die Pflaumen entsteinen und grob hacken. Beides zur Füllmasse geben und alles gut durchmischen.

3 Den Fasan füllen, zunähen, mit Speckscheiben belegen und mit Küchengarn umwickeln.

4 Die Zwiebeln abziehen und in hauchdünne Scheiben schneiden. In einem Bratentopf das Olivenöl erhitzen, die Zwiebeln mit den Lorbeerblättern darin kurz anschwitzen, den Fasan hineinlegen und von allen Seiten anbraten. Sobald der Fasan ringsherum eine goldgelbe Farbe angenommen hat, mit Rotwein und Essig begießen. Den Deckel auflegen, die Hitze reduzieren und den Fasan etwa 1 Stunde schmoren lassen.

5 Inzwischen für die Sauce die Frühlingszwiebeln waschen und trockentupfen. Die grünen Teile entfernen und wegwerfen. Die weißen Teile in feine Ringe schneiden. Die Möhren schälen und fein würfeln. Die Sellerieherzen in dünne Scheiben schneiden. Das geschnittene Gemüse in reichlich Salzwasser 3–4 Minuten blanchieren, abgießen und beiseite stellen.

6 Die Backpflaumen entsteinen und in kleine Stücke schneiden.

7 Den fertigen Fasan aus dem Topf nehmen und das Küchengarn entfernen. Die Füllung herausnehmen und den Fasan warm stellen.

8 Die Füllung für einige Minuten in den Bratfond geben und anschließend alles durch ein Sieb in einen Topf streichen. Mit Chianti und Vin Santo aufgießen, salzen und die Sauce noch einmal kurz erhitzen.

9 Die Hälfte der Sauce mit dem blanchierten Gemüse und den klein geschnittenen Backpflaumen vermischen.

10 Den Fasan in vier Portionsstücke tranchieren und auf einer vorgewärmten Platte anrichten. Mit der Gemüse-Pflaumen-Sauce übergießen und sofort servieren. Die restliche Sauce getrennt dazu reichen.

Fagiano tartufato

Getrüffelter Fasan

Dieses Gericht hat eine sehr lange Tradition; es wurde bereits im 15. Jahrhundert erwähnt und zeichnet sich durch seinen betörenden Duft und einen wahrhaft erlesenen Geschmack aus. Dazu trinke ich am liebsten einen trockenen, gut gekühlten Spumante (Schaumwein); falls Sie Rotwein bevorzugen empfehle ich einen eher kräftigen Tropfen.
Nach diesem Rezept können Sie alternativ auch ein Perlhuhn zubereiten.

Für 4 Portionen
1 küchenfertiger Fasan
etwas Essigwasser
100 g fetter Schinken
100 g Bauchspeck in Scheiben
1 schöne weiße Trüffel
Salz · Pfeffer
4 cl Cognac oder Weinbrand
einige Salbeiblätter
3–4 EL Olivenöl
knapp 1/4 l heiße Brühe

Für die Sauce:
4 EL Cognac oder Weinbrand
1/8 l Sahne
evtl. Salz

1 Den Fasan mit etwas Essigwasser abwaschen. Den Schinken und die Hälfte des Specks fein hacken und vermischen. Die Trüffel, bis auf ein kleines Stück, hauchdünn hobeln und zur Schinken-Speck-Mischung geben, den Rest beiseite stellen. Die Mischung salzen, pfeffern und 2 cl Cognac oder Weinbrand unterrühren.
2 Den Fasan mit der Mischung füllen, zunähen und 1–2 Stunden kühl ruhen lassen.
3 Den Backofen auf 180 °C vorheizen. Vor dem Braten den Fasan mit dem restlichen Speck belegen, mit Küchengarn umwickeln und da und dort ein Salbeiblatt darunter stecken.
4 In einem Bräter das Olivenöl erhitzen und den Fasan von allen Seiten darin anbraten. Mit dem restlichen Cognac oder Weinbrand ablöschen, etwas Brühe angießen und den Fasan in den Backofen schieben. Während der Garzeit hin und wieder mit etwas Brühe begießen und mit dem Bratenfond beschöpfen.
5 Nach etwa 1 Stunde den Fasan aus dem Bräter nehmen, in vier Portionsstücke zerteilen und warm stellen. Die Füllung in den Bratenfond geben, auf dem Herd kurz aufwallen lassen und anschließend durch ein Sieb in einen großen Topf streichen.
6 Die Sauce im Topf zum Kochen bringen, den Cognac oder den Weinbrand angießen und flambieren. Anschließend die Sahne einrühren und eventuell noch einmal mit Salz abschmecken. Die Sauce einige Minuten köcheln lassen, bis sie schön sämig geworden ist.
7 Anschließend den Topf vom Herd nehmen, die Fasanenstücke in die Sauce einlegen und einige Minuten darin ziehen lassen.
8 Das Fleisch aus der Sauce nehmen und auf einer vorgewärmten Platte anrichten. Die restliche Trüffel darüber hobeln. Die Sauce getrennt dazu reichen.

Anatra all'aretina

Ente auf Aretiner Art

Schon die Etrusker hatten Enten auf ihrem Speisezettel, das belegen unter anderem zahlreiche Darstellungen auf Fresken aus jener Zeit.

Dieses Entenrezept kommt aus der Gegend von Arezzo – es lässt sich problemlos zubereiten und schmeckt sehr lecker! Wenn Ihnen statt der Ente gerade eine Gans (oca) in die Hände gerät, überlegen Sie nicht lange und bereiten Sie diese nach demselben Rezept zu. Sie wird ebenso köstlich schmecken!

Übrigens sollten Sie nur Enten kaufen, die nicht älter als zwei Monate sind und nicht mehr als 1,3 kg wiegen. Ältere Tiere sind leicht zäh.

1 Die Zwiebel häuten, die Möhren schälen, den Sellerie waschen und alles sehr fein würfeln. Den Schinken ebenfalls in kleine Würfel schneiden.
2 Die Tomaten kurz mit heißem Wasser überbrühen, häuten, vierteln und entkernen, dabei die Stielansätze entfernen. Das Fruchtfleisch durch ein Sieb passieren.
3 Die Ente waschen, trockentupfen und in vier Teile zerlegen. Die Leber klein schneiden und beiseite stellen.
4 In einem großen Topf den Schinken, die Zwiebel, den Sellerie und die Möhren anbraten. Sobald die Zwiebelwürfel Farbe angenommen haben, die Entenviertel zufügen und ringsherum hell anbraten. Die pürierten Tomaten und den Salbei zufügen. Mit Salz, Pfeffer und Muskat würzen.
5 Bei mäßiger Hitze zugedeckt etwa 45 Minuten schmoren lassen, anschließend die klein geschnittene Leber zufügen. Alles weitere 30 Minuten schmoren lassen und gelegentlich kontrollieren, ob noch genug Flüssigkeit im Topf ist. Falls nicht, etwas Brühe angießen.
6 Die fertige Ente aus dem Topf nehmen und mit etwas Bratfond servieren.
7 Falls noch Bratfond übrig bleibt, können Sie ihn gut für eine Nudelsauce, zum Beispiel zu Pappardelle (Rezept siehe Seite 64), verwenden.

Für 4 Portionen
1 große Zwiebel
1–2 Möhren
1 Stange Staudensellerie
50 g fetter Schinken
350 g vollreife Tomaten
1 küchenfertige junge Ente von etwa 1 kg, mit der Leber
ein paar Salbeiblättchen
Salz · Pfeffer
1 Prise Muskatnuss
evtl. etwas Brühe

Oca arrosto

Gänsebraten

Im Florenz des 16. Jahrhunderts war es zu Allerheiligen üblich, Gänsebraten zu essen. Auf der Piazza S. Giovanni gab es deshalb am Vorabend einen großen Gänsemarkt. Damit auch die ärmeren Leute an diesem Festtag in den Genuss von Gänsebraten kommen konnten, wurden in einem öffentlichen Backofen den ganzen Tag über Gänse für all diejenigen gebraten, die das nicht zu Hause besorgen konnten. Die Straße, in der dieser Backofen stand, heißt heute noch Via delle *ocche (Gänsestraße).*

1 Den Knoblauch abziehen und fein würfeln. Die Kräuter waschen, trockenschütteln, die Stängel entfernen und die Blättchen und Nadeln fein hacken. Alles zusammen mit Salz, Pfeffer und 4 EL Olivenöl gut vermischen.
2 Den Backofen auf 175 °C vorheizen.
3 Die Gans waschen, mit Küchenpapier trockentupfen und innen und außen mit dem Kräuteröl einreiben. Mit Küchengarn umwickeln, damit die Keulen und Flügel beim Braten am Körper bleiben.
4 Das restliche Olivenöl in einem Bräter erhitzen und die Gans darin von allen Seiten hell anbraten. Anschließend in den Backofen schieben.
5 Nach etwa 45 Minuten mit dem Wein begießen und die Gans weitere 1 ½ Stunden im Ofen garen. Dabei immer wieder mit einer Gabel einstechen, damit überschüssiges Fett herausrinnen kann.
6 Die Gans auf einer vorgewärmten Servierplatte anrichten und das Küchengarn entfernen. Das Fett vom Bratenfond abschöpfen und die Sauce getrennt zur Gans servieren.

Für 6–8 Portionen
2 Knoblauchzehen
1 Sträußchen Salbei
1 Sträußchen Thymian
1 Sträußchen Rosmarin
Salz · Pfeffer
6–7 EL Olivenöl
1 küchenfertige junge Gans von etwa 2 kg
¼ l Weißwein

Lepre ammandorlata

Hasenragout mit Mandeln

Auch dieses Rezept geht auf die Zeit der Renaissance zurück. Es wird bis heute vor allem in der Gegend von Siena geschätzt. Der einzigartige Geschmack wird Sie für die Mühen der Zubereitung entschädigen!

Für 6–8 Portionen

Für die Marinade:
1 Zwiebel · 2–3 Knoblauchzehen
einige Pfefferkörner
3–4 Lorbeerblätter
1 l Rotwein
knapp 1/8 l Weinessig
Salz

1 Hase (etwa 2,5 kg) mit Innereien
etwas Essig
1 Zwiebel · 2 Knoblauchzehen
1 Möhre · 1 Stange Staudensellerie
6 EL Olivenöl
je 1 TL gehackte Bergminze
oder eine andere Minzesorte,
Estragon und Thymian
3 Lorbeerblätter · 4 Gewürznelken
Salz · Pfeffer
ca. 1/4 l Brühe · ca. 1/4 l Rotwein

Für die Sauce:
100 g geschälte Mandeln
50 g Pinienkerne
6–8 Wacholderbeeren
1 Zwiebel · 1 Möhre
50 g Butter · 1 TL Mehl
1/8 l Brühe · 4 EL Vin Santo
1 1/2 EL Mandellikör

1 Am Vortag für die Marinade die Zwiebel und den Knoblauch abziehen und grob hacken. Die Pfefferkörner etwas zerdrücken und alles mit den Lorbeerblättern, dem Wein, dem Essig und Salz vermischen. Die Marinade kurz aufkochen und abkühlen lassen.

2 Den Hasen mit Essigwasser abwaschen und in mehrere Stücke zerteilen. Das Fleisch über Nacht in die erkaltete Marinade legen, die Innereien bis zur Verwendung in den Kühlschrank legen.

3 Am nächsten Tag das Fleisch aus der Marinade nehmen, abspülen und sorgfältig trockentupfen. Die Marinade durch ein Sieb gießen und beiseite stellen.

4 Die Zwiebel und den Knoblauch abziehen und fein hacken. Die Möhre schälen, den Sellerie waschen und beides fein würfeln. Die Innereien fein hacken.

5 In einem großen Bratentopf das Olivenöl erhitzen und die Zwiebelwürfel darin glasig anschwitzen. Sobald sie leicht Farbe angenommen haben, den Knoblauch und das gewürfelte Gemüse zufügen und ebenfalls anbraten. Sobald der Knoblauch etwas Farbe angenommen hat, die gehackten Innereien zufügen und anbraten.

6 Die Hasenteile zufügen, ringsherum anbraten, die gehackten Kräuter, Lorbeerblätter und Gewürznelken zufügen und mit gut der Hälfte der Marinade ablöschen. Salzen und pfeffern.

7 Alles einmal aufkochen, die Hitze sofort reduzieren und das Fleisch auf kleiner Flamme etwa 2 Stunden schmoren lassen. Von Zeit zu Zeit etwas Brühe und Rotwein angießen.

8 Inzwischen die Mandeln, die Pinienkerne und die Wacholderbeeren im Mörser zerstoßen. Die Zwiebel abziehen, die Möhre schälen und beides in hauchdünne Scheiben schneiden.

9 In einer kleinen Pfanne die Butter zerlassen und die Möhren- und Zwiebelscheiben hell darin anbraten und beiseite stellen.

10 Kurz vor dem Ende der Garzeit des Fleisches etwas Bratfond abnehmen, in einen kleinen Topf geben, das Mehl einrühren und zum Kochen bringen. Die zerstoßenen Mandeln, Pinienkerne und Wacholderbeeren zusammen mit dem angebratenen Gemüse zugeben und mit der Brühe aufgießen. Den Vin Santo und den Mandellikör unterrühren.

11 Das Fleisch aus dem Bratfond nehmen und auf einer vorgewärmten Servierplatte anrichten. Den Bratfond durch ein Sieb passieren und das Fleisch damit überziehen. Die Mandelsauce getrennt dazu reichen.

Cinghiale in umido
Wildschweinragout

Es ist nicht ganz einfach, Wildschwein richtig zuzubereiten … Wenn das Fleisch von zu jungen Tieren stammt, unterscheidet sich der Geschmack nicht allzu sehr von normalem Schweinefleisch. Andererseits darf das Wildschwein keinesfalls älter als fünf Jahre sein, sonst ist das Fleisch ungenießbar. Eines der Geheimnisse für gutes Gelingen besteht darin, dass das Fleisch mindestens zwei Tage in einer Marinade eingelegt werden muss.

Für 6–8 Portionen

Für die Marinade:
1 Flasche Rotwein
1/8 l kräftiger Weinessig
1 Zwiebel
2–3 Knoblauchzehen
1 Sträußchen Petersilie
2–3 EL Olivenöl
je 1 Zweig Thymian und Rosmarin
4–5 Lorbeerblätter
6 Gewürznelken · 1 Zimtstange
1 TL gemahlener Koriander
6–8 Wacholderbeeren
6–8 Pfefferkörner · Salz

2 kg Wildschweinfleisch aus der Schulter
1 große Zwiebel
2 Möhren
1 dicke Stange Staudensellerie
5–6 EL Olivenöl
1/2 l Rotwein
4 cl Cognac oder Weinbrand
Salz · Pfeffer
1/2 l Brühe
300 g möglichst kleine Steinpilze

1 Für die Marinade den Wein mit Essig und 1 1/4 l Wasser vermischen. Die Zwiebel abziehen und in Ringe schneiden. Den Knoblauch abziehen, die Zehen ganz lassen. Die Petersilie waschen, trockenschütteln, die Stängel entfernen und die Blätter fein hacken.
2 In einem Topf das Olivenöl erhitzen, die Zwiebelringe und den Knoblauch mit den Kräutern und Gewürzen darin anbraten. Sobald die Zwiebeln etwas Farbe angenommen haben, die Essig-Wein-Mischung und Salz dazugeben, kurz aufkochen und abkühlen lassen.
3 Das Fleisch in die erkaltete Marinade legen und mindestens zwei Tage darin ziehen lassen. Nur bei Fleisch von jüngeren Tieren reicht eine Marinierzeit von einer Nacht aus.
4 Wenn Sie das Fleisch zubereiten wollen, nehmen Sie es aus der Marinade und trocknen es gründlich ab. Anschließend in nicht zu große Würfel schneiden.
5 Die Zwiebel häuten, die Möhren schälen, den Sellerie waschen und alles fein würfeln.
6 In einem großen Topf das Olivenöl erhitzen und die Gemüsewürfel darin anbraten. Sobald die Zwiebelwürfel etwas Farbe angenommen haben, das Fleisch zugeben und gut anbraten.
7 Mit der Hälfte des Weins und dem Cognac oder dem Weinbrand ablöschen, die Hitze reduzieren, salzen, pfeffern und das Fleisch auf kleiner Flamme im geschlossenen Topf 3 Stunden schmoren lassen. Dabei nach und nach die Brühe und den restlichen Wein zugießen.
8 Inzwischen die Pilze mit einem Stück Küchenpapier vorsichtig säubern, von den Stielen eine dünne Scheibe abschneiden und wegwerfen. Die Pilze in Scheiben schneiden.
9 Kurz vor dem Ende der Garzeit etwas Bratenfond aus dem Topf in eine Pfanne geben und die Pilze darin ein paar Minuten schmoren lassen, eventuell noch etwas salzen und pfeffern.
10 Das Fleisch auf einer vorgewärmten Platte anrichten und die Pilze dazu servieren.

Capriolo in umido
Rehragout

Besonders in den Wäldern der Maremma bei Capalbio, Albarese und Punta Ala gibt es viele Rehe. Reh ist ein begehrtes Wild und es gibt viele köstliche Rezepte dafür. Dieses stammt aus der Gegend von Grosseto.

Für 4 Portionen
1 kg Rehfleisch aus der Schulter
75 g Bauchspeck
50 g Butter
3 EL Olivenöl

1 Das Fleisch waschen, trockentupfen und nicht zu grob würfeln. Den Speck fein würfeln.
2 In einem Bratentopf die Butter mit dem Olivenöl erhitzen und den Speck darin anbraten. Sobald der Speck Farbe angenommen hat, das Fleisch zufügen und gründlich anbraten.

Mit Salz und Pfeffer würzen und das Mehl darüber stäuben. Gut umrühren und das Fleisch einige Minuten schmoren lassen.
3 Den Wein, die Brühe und die Lorbeerblätter zufügen, aufkochen lassen und die Hitze sofort reduzieren.
4 Das Ragout auf kleiner Flamme im geschlossenen Topf etwa 2 Stunden schmoren lassen, dabei immer wieder gut umrühren.
5 Kurz vor dem Ende der Garzeit das Brot rösten, auf eine vorgewärmte Servierplatte legen, mit etwas Schmorflüssigkeit tränken und das Rehragout darüber verteilen.

Salz · Pfeffer
1 EL Mehl
1/4 l Rotwein
1/2 l Brühe
2 Lorbeerblätter
4 Scheiben Weißbrot

Kutteln galten lange Zeit als Speise der Armen – inzwischen stehen sie sogar in teuren Restaurants auf der Karte. Zum Glück kann man Kutteln meist küchenfertig beim Metzger kaufen, so entfällt das aufwendige Säubern, Wässern und Vorkochen.

In der Toskana weiß man Kutteln hervorragend und auf unterschiedliche Arten zuzubereiten. Nachstehend ein köstliches Rezept, das heute in ganz Italien verbreitet ist:

Trippa alla fiorentina
Kutteln auf Florentiner Art

1 Die Kutteln in fingerbreite Streifen schneiden. Die Zwiebel abziehen, Sellerie waschen, Möhren schälen und alles fein würfeln.
2 Die Tomaten kurz mit heißem Wasser überbrühen, häuten, vierteln und entkernen, dabei die Stielansätze entfernen. Das Fruchtfleisch grob würfeln.
3 Das Olivenöl in einem Topf erhitzen. Zwiebelwürfel, Sellerie und Möhren darin anbraten. Sobald die Zwiebelwürfel Farbe angenommen haben, die Kutteln zugeben und etwa 5 Minuten mitdünsten.
4 Tomaten zufügen, salzen, pfeffern und alles auf kleiner Flamme im geschlossenen Topf 50–60 Minuten köcheln lassen.
5 Am Schluss sollte die Sauce schön eingedickt sein, sonst die Temperatur noch einmal hochschalten und alles ohne Deckel etwas einkochen lassen.
6 Vor dem Servieren den Parmesan unter die Kutteln rühren.

Für 4 Portionen
800 g vorgekochte Kutteln
1 Zwiebel
2 kleine Stangen Staudensellerie
2 kleine Möhren
3 große vollreife Tomaten
5 EL Olivenöl
Salz · Pfeffer
5–6 EL frisch geriebener Parmesan

In Montalcino werden die Kutteln ohne Tomaten, aber mit Brühe, reichlich Petersilie und etwas Safran gekocht; in Pisa kommt kein Safran, dafür 150 g Schweinehackfleisch dazu.

Etwas besonderes ist Lampredotto, *ein Gericht aus Kalbskutteln und Gemüse, das in Salzwasser gekocht und mit Weißbrot, aber ohne Parmesan, gegessen wird. In Florenz wird auf dem Markt von San Lorenzo an Imbissbuden Lampredotto verkauft, das gleich an Ort und Stelle verzehrt werden kann.*

Dolci
Kuchen und Desserts

Kuchen oder süße Desserts bilden den Abschluss eines Menüs im *ristorante* oder der *trattoria*, aber auch frische Früchte oder ein Eis werden gern als Nachspeise serviert. Zu festlichen Anlässen wird selten zu Hause gebacken, da geht man lieber in die *pasticceria*, die Konditorei, und kauft sich dort etwas Leckeres. Viele toskanische Kuchen, wie *panpepato* oder *panforte,* sind mit kirchlichen Feiertagen verbunden, werden aber zur Freude der Touristen längst ganzjährig angeboten. Diese Köstlichkeiten aus Mandeln, Nüssen, kandierten Früchten, Gewürzen und sehr wenig Mehl können Sie also sehr gut fertig kaufen. Stattdessen biete ich Ihnen eine Auswahl meiner Dolci-Favoriten:

Crostata alla marmellata di susine
Mürbeteigkuchen mit Pflaumenmus

Für eine Springform von 26 cm Durchmesser
350 g Mehl · 180 g Zucker
1 TL Backpulver
1 Prise Salz · 3 Eier
180 g Schweineschmalz (ersatzweise Butter)
abgeriebene Schale von 1 Zitrone

Für den Belag:
350 g Pflaumenmus

Außerdem:
Butter und Mehl für die Form
1 EL Milch

1 Mehl, Zucker, Backpulver und Salz auf eine Arbeitsplatte häufen, eine Mulde hineindrücken und zwei ganze Eier sowie ein Eiweiß, das Schmalz oder die Butter in Flöckchen darauf setzen. Die abgeriebene Zitronenschale hinzufügen und alles rasch zu einem glatten, elastischen Teig verkneten. Den Teig zu einer Kugel formen und mindestens 30 Minuten an einem kühlen Ort ruhen lassen.
2 Den Backofen auf 175 °C vorheizen. Die Springform etwas einfetten und mit Mehl bestäuben. Gut zwei Drittel des Teigs dünn ausrollen und die Form damit auskleiden, dabei den Teig etwa 4 cm am Rand hochziehen. Den Boden mit einer Gabel mehrfach einstechen.
3 Das Pflaumenmus gleichmäßig auf dem Teigboden verteilen, die überstehenden Teigränder nach innen umklappen.
4 Den restlichen Teig ausrollen und in etwa 1 cm breite Streifen schneiden. Die Teigstreifen gitterförmig über das Pflaumenmus legen und die Enden leicht an die Teigränder drücken.
5 Das übrig gebliebene Eigelb mit der Milch verrühren und das Teiggitter damit bestreichen.
6 Den Kuchen auf der mittleren Schiene 35 Minuten backen.

Dieser Kuchen ist vor allem in der Gegend um Montepulciano sehr beliebt. Hier wird nach einem Spezialrezept Pflaumenmus ohne oder mit nur geringer Zugabe von Zucker hergestellt. Es gibt dem Kuchen eine etwas herbe Note, zu der ganz besonders gut ein Gläschen Vin Santo *passt.*
Alternativ können Sie den Kuchen auch mit Sauerkirsch- oder Aprikosenkonfitüre zubereiten.

Crostata di ricotta
Mürbeteigkuchen mit Ricotta

Für eine Springform von 26 cm Durchmesser
300 g Mehl · 150 g Zucker
1 Päckchen Vanillezucker
1 Prise Salz
abgeriebene Schale von 1 Orange oder Zitrone
150 g Butter · 2 Eier

Für den Belag:
3 Eier · 300 g frischer Ricotta
4 EL Zucker
3 EL bittersüßer Kräuterlikör oder trockener Marsala

Außerdem:
Butter und Mehl für die Form
je 1–2 EL gehackte Walnüsse und abgezogene, gehackte Mandeln

1 Mehl, Zucker, Vanillezucker, Salz und die abgeriebene Orangen- oder Zitronenschale vermischen. Die Butter in Flöckchen darauf setzen und zusammen mit den Eiern rasch unterkneten, bis ein glatter, geschmeidiger Teig entstanden ist. Den Teig zu einer Kugel formen und mindestens 30 Minuten an einem kühlen Ort ruhen lassen.
2 Den Backofen auf 200 °C vorheizen. Die Eier trennen. Den Ricotta mit dem Eigelb, dem Zucker und dem Alkohol verrühren. Das Eiweiß steif schlagen und unter die Masse heben.
3 Die Springform etwas einfetten und mit Mehl bestäuben.
4 Den Teig 5–6 mm dick ausrollen und die Form damit auskleiden, dabei den Teig etwa 3 cm am Rand hochziehen. Den Boden mit einer Gabel mehrfach einstechen.
5 Den Teigboden mit der Ricottamasse bestreichen und mit den gehackten Nüssen und Mandeln bestreuen. Den Kuchen 30–35 Minuten auf der unteren Schiene backen.

Statt mit Mandeln und Nüssen können Sie den Kuchen auch mit 1–2 EL Kakaopulver oder aber 3–4 EL Zucker bestreuen. Wenn Sie Zucker verwenden, bekommt der Kuchen einen besonders feinen Geschmack, weil er beim Backen karamellisiert.

Torta di mele

Apfelkuchen

Dieser Kuchen ist ein köstliches Dessert, wenn er lauwarm mit Vanilleeis serviert wird. Aber auch gänzlich abgekühlt ist er ein saftig-süßer Leckerbissen.

1 Den Backofen auf 175 °C vorheizen. Die Sultaninen in lauwarmem Wasser einweichen.
2 In einer Rührschüssel die Butter mit dem Zucker und dem Vanillezucker schaumig schlagen. Nach und nach die Eier und anschließend löffelweise das mit dem Backpulver vermischte Mehl unterrühren.
3 Die Zitronenschale und die Milch zufügen und alles zu einem glatten Teig verrühren. Die Sultaninen abtropfen lassen und zusammen mit den Pinienkernen unter den Teig heben.
4 Die Springform mit Butter einfetten und mit etwas Mehl bestäuben. Den Teig einfüllen und die Oberfläche glatt streichen.
5 Die Äpfel schälen, halbieren, jeweils das Kerngehäuse entfernen und die Apfelhälften in Spalten schneiden.
6 Den Teig fächerartig mit den Apfelspalten belegen und den Kuchen etwa 40 Minuten auf der mittleren Schiene backen.

Für eine Springform von 24 cm Durchmesser
100 g Sultaninen
100 g Butter · 300 g Zucker
1 Päckchen Vanillezucker
3 Eier
½ Päckchen Backpulver
150 g Mehl
abgeriebene Schale von 1 Zitrone
4 EL Milch
50 g geschälte Pinienkerne
5 große Äpfel

Außerdem:
Butter und Mehl für die Form

Torta dolce di riso

Süße Reistorte

Diese Torte wird in der Gegend von Massa Carrara häufig bei Hochzeitsessen serviert. Aber auch an den Osterfeiertagen gilt sie als beliebtes Dessert. Die Torte schmeckt übrigens sowohl lauwarm als auch kalt sehr lecker.

1 Den Reis in schwach gesalzenem Wasser 10 Minuten kochen, abgießen und beiseite stellen.
2 Die Rosinen in etwas warmem Wasser einweichen. Den Backofen auf 175 °C vorheizen.
3 Eier, Zucker und Vanillezucker in einer Rührschüssel schaumig schlagen. Die abgeriebene Zitronen- oder Orangenschale, den Alkohol, die abgetropften Rosinen und die Milch zugeben, alles gut verrühren und zum Schluss den vorgekochten Reis untermischen.
4 Die Springform einfetten, mit Grieß ausstreuen und die Reiscreme hineinfüllen.
5 Die Form in den Backofen stellen und die Torte etwa 1 Stunde auf der mittleren Schiene backen. Sie ist fertig, wenn die Oberfläche schön gebräunt ist.
6 Vor dem Servieren die abgekühlte Reistorte mit Puderzucker bestäuben.

Für eine Springform mit 24 cm Durchmesser
100 g Milchreis (Rundkornreis)
1 Prise Salz
30 g Rosinen
8 Eier · 300 g Zucker
1 Päckchen Vanillezucker
abgeriebene Schale von 1 Zitrone oder Orange
4 cl Kräuterlikör oder Rum
⅜ l lauwarme Milch

Außerdem:
Butter und Grieß für die Form
3 EL Puderzucker zum Bestäuben

Torta di Montalcino

Torte aus Montalcino

Diese Spezialität hat eine lange Tradition. Das Originalrezept wird bis heute von der Familie Lambardi aus Montalcino gehütet. Ich kann Ihnen versichern, dass die Torte köstlich schmeckt, vor allem, wenn dazu ein kühler Moscadello *(ein lieblicher weißer Muskatellerwein aus der Provinz Siena) gereicht wird.*

Hier die überlieferte Version des Rezeptes:

Für eine Springform von 26 cm Durchmesser
300 g Mehl · 150 g Zucker
1 Päckchen Vanillezucker
1 Prise Salz
150 g Butter · 1 Ei

Für die Creme:
4 Eier · 2 EL Honig
1 Päckchen Vanillezucker
1 EL Mehl · ½ l heiße Milch

Für die Nussmischung:
60 g grob gehackte Walnüsse
60 g fein gehackte Mandeln
1 EL Honig
30 g fein gewürfeltes Orangeat
3 EL Orangenmarmelade

Außerdem:
etwas Butter für die Form
getrocknete Bohnen zum Blindbacken

1 Das Mehl mit Zucker, Vanillezucker und Salz vermischen. Die Butter in Flöckchen darauf setzen und mit dem Ei rasch unterkneten, bis ein glatter, geschmeidiger Teig entstanden ist. Den Teig zu einer Kugel formen und für mindestens 30 Minuten an einem kühlen Ort ruhen lassen.

2 Den Backofen auf 175 °C vorheizen. Die Springform mit etwas Butter einfetten, den Teig etwa 4 mm dick ausrollen und die Form damit auskleiden, dabei den Teig etwa 3 cm am Rand hochziehen.

3 Den Teigboden mit einer Gabel mehrmals einstechen, mit Pergamentpapier belegen und getrocknete Bohnen darauf verteilen, damit der Boden beim Backen schön flach bleibt und der Rand nicht herunterrutschen kann. Die Form in den Ofen schieben und den Teigboden etwa 20 Minuten auf der mittleren Schiene backen.

4 Inzwischen die Creme zubereiten. Im Wasserbad (das Wasser darf nur bis kurz vor den Siedepunkt erhitzt werden, keinesfalls kochen!) die Eier mit dem Honig und Vanillezucker mit einem Schneebesen schaumig schlagen. Das Mehl zugeben, nach und nach die heiße Milch einrühren. So lange rühren, bis eine dicke Creme entstanden ist. Anschließend sofort aus dem Wasserbad nehmen.

5 In einem zweiten Topf Nüsse, Mandeln, Honig, Orangeat und Orangenmarmelade unter ständigem Rühren erhitzen. Sobald sich alle Zutaten gut miteinander vermischt haben, den Topf vom Herd nehmen.

6 Vom vorgebackenen Mürbeteigboden die Bohnen und das Papier entfernen. Die Creme vorsichtig mit der Nussmischung verrühren, auf dem Teig verteilen und glatt streichen.

7 Den Kuchen wieder in den heißen Ofen schieben und in 15–20 Minuten fertig backen. Vor dem Servieren gut auskühlen lassen.

Castagnaccio
Kastanienkuchen

Für eine Springform von 26 cm Durchmesser
400 g süßes Kastanienmehl
2 EL Zucker
abgeriebene Schale von 1 Orange
1 Prise Salz
4 EL Olivenöl
100 g Rosinen
50 g Pinienkerne
1 EL frische Rosmarinnadeln

Außerdem:
Olivenöl für die Backform

Für diese Spezialität gibt es viele Rezepte. In Lucca zum Beispiel wird der Kuchen oft mit frischem Ricotta gebacken. Ich gebe Ihnen hier ein klassisches Rezept, das Sie aber nach Lust und Laune auch mit Walnüssen anreichern können, dann gehört jedoch der Rosmarin nicht in den Kuchen ...

1 In einer Rührschüssel das Kastanienmehl mit dem Zucker, der abgeriebenen Orangenschale, dem Salz und $\frac{1}{2}$ l Wasser vermischen. Dabei aufpassen, dass es keine Klümpchen gibt. 2 EL Olivenöl unterrühren und den Teig 1 Stunde ruhen lassen.
2 Inzwischen die Rosinen in lauwarmem Wasser einweichen.
3 Den Backofen auf 180 °C vorheizen. Die Springform mit Öl einfetten, den Teig hineinfüllen, er sollte nicht höher als 2 cm sein, und die Oberfläche mit den abgetropften Rosinen, den Pinienkernen und dem Rosmarin bestreuen.
4 Den Kuchen mit dem restlichen Olivenöl beträufeln und im Ofen 30–40 Minuten auf der unteren Schiene backen. Achten Sie darauf, dass die Pinienkerne nicht verbrennen!

Bicchieri di crema alla pratese
Cremebecher aus Prato

Für 6 Portionen
8 Eigelbe
250 g Zucker · 1 l Milch
4 cl Alkermes (sehr süßer roter Likör aus Florenz), alternativ: Grand Marnier
1 Packung Löffelbiskuits (ca. 300 g)
4 EL abgezogene, gehackte Mandeln oder gewürfelte, kandierte Früchte

Außerdem:
2 EL gehackte Mandeln
6 EL geschlagene Sahne
2 EL geraspelte Kuvertüre

Dieses Dessert eignet sich besonders gut als Abschluss eines großen Festmahls. Serviert wird die Creme in ziemlich großen, flachen Bechern oder Dessertschalen.

Weil bei diesem Rezept acht Eiweiße übrig bleiben, könnten Sie damit zum Beispiel gleich noch die Brutti ma buoni *(Rezept siehe Seite 146) backen ...*

1 Das Eigelb mit dem Zucker schaumig schlagen, bis es fast weiß ist. Anschließend nach und nach die Milch unterrühren
2 Die Mischung im Wasserbad auf kleiner Flamme so lange kräftig rühren, bis die Creme einzudicken beginnt.
3 Inzwischen sechs Dessertschalen oder Gläser mit den in Likör getauchten Löffelbiskuits auslegen.
4 Die gehackten Mandeln oder die kandierten Früchte in die Gläser verteilen, die Creme darüber geben. Die Desserts mindestens 2 Stunden in den Kühlschrank stellen.
5 Vor dem Servieren jedes Dessert mit gehackten Mandeln bestreuen, mit einem großen Tupfer Schlagsahne verzieren und die geraspelte Kuvertüre darüber streuen.

Monte Sinai

Berg Sinai

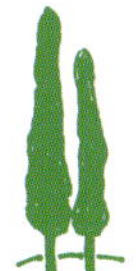

Diese herrliche Süßspeise wird besonders in Livorno gern gegessen; angeblich ist sie jüdischen Ursprungs. Ich hatte mehrmals Gelegenheit, sie zu genießen, jedoch das Rezept einer gewissen Signora Ubalda scheint mir besonders gut zu sein ... Ich kann nur sagen: Köstlich! Danke, Signora Ubalda!

1 Den Backofen auf 150 °C vorheizen. Die Mandeln in einer Pfanne leicht anrösten, anschließend zu Pulver mahlen.
2 Die Butter schmelzen und wieder abkühlen lassen.
3 Die flüssige Butter mit dem Zucker schaumig schlagen. Die Eier trennen, das Eigelb und die abgeriebene Zitronenschale untermischen und nach und nach das Mandelpulver und die Speisestärke unterrühren, so dass eine sämige Creme entsteht.
4 Das Eiweiß zu steifem Schnee schlagen und unter die Creme ziehen, vorsichtig umrühren, damit sich alles gut vermischt.
5 Eine Tortenform von 24 cm Durchmesser mit Butter einfetten und mit etwas Mehl bestäuben. Die Creme einfüllen und im Ofen etwa 30 Minuten auf der mittleren Schiene backen.
6 Anschließend gut auskühlen lassen und vor dem Servieren mit dem Puderzucker, den gehackten Mandeln und der geraspelten Kuvertüre bestreuen.

Für 6–8 Portionen
200 g abgezogene Mandeln
200 g Butter
250 g Zucker
8 Eier
abgeriebene Schale von 1 Zitrone
200 g Speisestärke

Zum Garnieren:
80 g Puderzucker
2 EL gehackte Mandeln
2 EL geraspelte Kuvertüre

Außerdem:
Butter und Mehl für die Form

Zu diesem Fest, das am 19. März begangen wird, gibt es eine Spezialität: Nach alter Tradition werden an diesem Tag Krapfen aus Milchreis gebacken. Besonders schön sieht es aus, wenn Sie die Krapfen einzeln in kleinen Papiermanschetten servieren.

Fritelle di S. Giuseppe

Josephi-Krapfen

1 Den Reis in der Milch sehr weich kochen und auskühlen lassen. Anschließend die übrigen Zutaten unter den Reis mischen und den Teig 4–5 Stunden ruhen lassen.
2 In einer hohen Pfanne reichlich Sonnenblumenöl oder Schweineschmalz erhitzen. Mit einem Teelöffel kleine Bällchen von der Reismasse abstechen und portionsweise im siedenden Öl oder Schmalz goldgelb ausbacken.
3 Die frittierten Krapfen auf Küchenpapier etwas abtropfen lassen und mit Puderzucker bestäubt servieren.

Für 6–8 Portionen
175 g Milchreis (Rundkornreis)
knapp ½ l Milch
3 Eier · 50 g Zucker
abgeriebene Schale von 1 Orange
1 Prise Salz

Außerdem:
reichlich Sonnenblumenöl oder Schweineschmalz zum Ausbacken
Puderzucker zum Bestäuben

Zuccotto

Biskuit-Halbgefrorenes

Diese gehaltvolle Süßspeise hat eine lange Tradition und wird vor allem in Florenz sehr geschätzt. Die Zubereitung klingt vielleicht etwas kompliziert, aber ich kann Ihnen versichern, dass sich der Aufwand lohnt – Ihre Gäste werden begeistert sein!

Für 8 Portionen
4 Eier
150 g Zucker
abgeriebene Schale von 1 Zitrone
1 Prise Salz · 80 g Mehl
70 g Speisestärke

Für die Füllung:
30 g abgezogene Mandeln
30 g Walnüsse
80 g Bitterschokolade
80 g gemischte kandierte Früchte
500 g Sahne
150 g Puderzucker
300 g frischer Ricotta
30 g Kakaopulver

Zum Garnieren:
Kakaopulver und Puderzucker

Außerdem:
Maraschino, Grand Marnier oder Kirschwasser zum Tränken

1 Den Backofen auf 200 °C vorheizen. Die Eier trennen. Das Eigelb mit dem Zucker schaumig schlagen, bis es fast weiß ist. Die abgeriebene Zitronenschale und das Salz unterrühren und nach und nach das Mehl sowie die Speisestärke untermischen. Das Eiweiß zu steifem Schnee schlagen und unter die Masse heben.

2 Eine Springform von 24 cm Durchmesser mit Pergamentpapier auslegen, den Teig einfüllen, glatt streichen und im Ofen etwa 40 Minuten auf der mittleren Schiene backen.

3 Sofort aus der Form stürzen, das Papier abziehen und den Biskuit auskühlen lassen.

4 Inzwischen die Mandeln mit den Walnüssen in einer Pfanne anrösten und anschließend fein hacken. Die Schokolade fein raspeln. Die kandierten Früchte grob hacken.

5 Die Sahne mit dem Puderzucker steif schlagen, den Ricotta durch ein Sieb streichen und die Sahne unterheben.

6 Unter zwei Drittel der Masse das Kakaopulver, die gerösteten Nüsse und die geraspelte Bitterschokolade mischen. Unter die restliche Ricottamischung die gehackten kandierten Früchte heben.

7 Vom Biskuit die Kruste dünn abschneiden und den gebackenen Teig im Verhältnis ein Drittel zu zwei Drittel quer durchschneiden.

8 Den Teig gut mit Alkohol tränken. Mit der dickeren Teigplatte eine Kuppelform von etwa 20 cm Durchmesser auskleiden.

9 Die weiße Ricottamasse einfüllen und auf dem Boden bis zum Rand hoch verstreichen. Die dunkle Füllmasse in die Kuppel füllen, die Oberfläche glatt streichen und die verbliebene Teigplatte als Deckel auflegen. Mit Klarsichtfolie bedecken und mindestens für 7–8 Stunden in den Kühlschrank stellen.

10 Den Zuccotto auf eine Platte stürzen und mit Puderzucker und Kakaopulver bestäuben.

Salami dolce

Süße Salami

Für 6–8 Portionen
150 g Butter
300 g trockene Biskuitkekse
2 Eigelbe · 150 g Zucker
2 EL Kakaopulver · 4 cl Marsala

Außerdem:
Puderzucker · evtl. Schlagsahne

1 Die Butter schmelzen und wieder abkühlen lassen. Die Kekse fein zerkrümeln.

2 Das Eigelb mit dem Zucker und der Butter schaumig schlagen, die Kekskrümel und den Kakao darunter mischen und dabei nach und nach den Marsala zugießen. Am Schluss sollte die Masse ziemlich fest sein.

3 Die Masse auf etwas Puderzucker zu einer dicken Wurst rollen, in Alufolie einschlagen und für 2–3 Stunden in den Kühlschrank legen.

4 Vor dem Servieren die süße Salami in Scheiben schneiden. Nach Belieben geschlagene Sahne dazu servieren.

Ricciarelli

Mandelgebäck

Ricciarelli sind eine typisch Sieneser Spezialität, die zwar das ganze Jahr über angeboten wird, traditionell aber in die Weihnachtszeit gehört.

Für 35–40 Stück
375 g abgezogene Mandeln
2 Bittermandeln
250 g Puderzucker
1 ½ Eiweiße

Außerdem:
Puderzucker
Oblaten

1 Den Backofen auf 200 °C vorheizen. Die Mandeln zusammen mit den Bittermandeln auf einem Backblech im Ofen etwa 4 Minuten rösten und anschließend im Mörser fein zerstoßen oder mit der Mandelmühle zu Pulver mahlen.
2 Die Mandeln mit dem Puderzucker vermischen. Das Eiweiß sehr steif schlagen und vorsichtig unter die Mandel-Zucker-Mischung heben.
3 Auf einer mit Puderzucker bestäubten Arbeitsfläche den Teig esslöffelweise zu Rauten formen, ein wenig flach drücken und je eine Raute auf eine Oblate setzen. Die überstehenden Ränder der Oblaten abschneiden.
4 Die Ricciarelli mit genügend Abstand auf Backbleche setzen und sie an einem kühlen Ort 10–12 Stunden ruhen lassen.
5 Zum Backen den Ofen auf 150 °C vorheizen. Die Ricciarelli im heißen Ofen etwa 1 ¼ Stunden mehr trocknen lassen als backen; sie dürfen keinesfalls braun werden und sollten im Innern eine weiche Konsistenz behalten.
6 Das Gebäck noch für etwa 30 Minuten im ausgeschalteten Ofen lassen und anschließend mit Puderzucker bestäuben.

Brutti ma buoni

Hässlich, aber gut

Der Name dieses Gebäcks sagt schon alles: Die Mandelkekse sehen zwar nicht besonders hübsch aus, aber sie schmecken ausgezeichnet! In einer gut schließenden Blechdose sind diese Plätzchen übrigens längere Zeit haltbar.

Für etwa 40 Stück
8 Eiweiße
500 g feiner Zucker
550 g abgezogene, gehackte Mandeln
2–3 abgezogene, gehackte Bittermandeln
abgeriebene Schale von ½ Zitrone

Außerdem:
Butter und Mehl für das Backblech

1 Den Backofen auf 150 °C vorheizen. Das Eiweiß zu sehr steifem Schnee schlagen und unter ständigem Rühren nach und nach den Zucker einrieseln lassen.
2 Mandeln, Bittermandeln und die Zitronenschale vorsichtig unter den Eischnee heben.
3 Ein Backblech mit Butter einfetten und mit etwas Mehl bestäuben. Mit einem Teelöffel kleine Teighäufchen auf das Backblech setzen und die Plätzchen im Ofen etwa 30 Minuten auf der mittleren Schiene backen.
4 Herausnehmen und das Gebäck vor dem Verzehr vollständig auskühlen lassen.

Cavalucci senese

Sieneser Honigkuchen

Der Name dieser Spezialität aus Siena hat seinen Ursprung in der Tradition, ihre Oberfläche mit einem Stempel in Form eines Pferdes (cavallo) *zu prägen. Heute wird das zwar nicht mehr gemacht, aber der Name ist geblieben.*

Zum Aufbewahren sollten Sie die Cavalucci in eine gut schließende Dose geben, damit sie keine Feuchtigkeit anziehen und nicht weich werden.

Für 30–40 Stück
250 g Zucker · 100 g Honig
500 g Mehl
80 g Orangeat · 1 EL Anissamen
je 1 Msp. gemahlener Koriander, Zimt, Muskatnuss
60 g gehackte Walnüsse
1 Prise Salz · evtl. etwas Milch

Außerdem:
Butter und Mehl für das Backblech
Mehl zum Ausrollen
Puderzucker

1 In einem Topf den Zucker mit dem Honig bei schwacher Hitze auflösen. Sobald diese Mischung Fäden zieht, den Topf vom Herd nehmen und zunächst das Mehl, anschließend die übrigen Zutaten kräftig untermischen. Am Schluss sollte ein fester Teig entstanden sein. Falls er zu trocken ist, können Sie eventuell noch ein wenig Milch zugeben. Den Teig zu einer Kugel formen, in Alufolie einwickeln und über Nacht ruhen lassen.

2 Am nächsten Tag den Backofen auf 150 °C vorheizen. Ein Backblech mit Butter einfetten und mit Mehl bestäuben.

3 Den Teig auf einer bemehlten Arbeitsfläche gut 1 ½ cm dick ausrollen, in Rauten schneiden und auf das Backblech setzen. Die Cavalucci im Ofen etwa 20 Minuten auf mittlerer Schiene backen. Achten Sie darauf, dass sie nicht braun werden!

4 Das Gebäck etwas abkühlen lassen und noch lauwarm in Puderzucker wälzen. Vor dem Verzehr gut auskühlen lassen.

Pan co' Santi

Allerheiligenbrot

Zu Allerheiligen gibt es ein spezielles Brot mit Nüssen und Rosinen, das allerdings auch noch in der gesamten Weihnachtszeit gebacken wird. Es schmeckt übrigens am besten, wenn es nicht ganz frisch, sondern zwei bis drei Tage alt ist. Dazu trinkt man einen jungen Rotwein oder Vin Santo *und isst ein wenig Pecorino …*

Für 10–12 Portionen
25 g frische Hefe
4 EL lauwarmes Wasser
1 kg Mehl
Salz
20 g Walnüsse
50 g Haselnüsse oder Mandeln
1 EL Schweineschmalz
100 g Rosinen · 75 g Zucker
1 Msp. frisch gemahlener Pfeffer
1 Prise Salz · 2 EL Olivenöl
½ TL Anissamen
abgeriebene Schale von 1 Zitrone

Außerdem:
Öl und Mehl für das Backblech
1 Eiweiß

1 Die Hefe in das Wasser bröckeln und darin auflösen. Das Mehl auf die Arbeitsfläche sieben, eine Mulde hineindrücken und das Hefewasser sowie ein wenig Salz hineingeben. Alles zu einem elastischen, nicht zu festen Teig verkneten, mit einem sauberen Küchentuch abdecken und an einem warmen Ort etwa 1 Stunde gehen lassen.

2 Inzwischen die Walnüsse und Haselnüsse (oder Mandeln) klein hacken und in einer Pfanne im heißen Schweineschmalz anrösten.

3 Nach der Ruhezeit den Teig noch einmal gut durchkneten und dabei die abgekühlten, gerösteten Nüsse sowie alle übrigen Zutaten in den Teig einarbeiten. Den Teig zu einem runden, flachen Laib formen und mit einem Küchentuch bedeckt an einem warmen Ort nochmals 1 Stunde ruhen lassen.

4 Inzwischen den Backofen auf 200 °C vorheizen. Ein Backblech einfetten und leicht mit Mehl bestäuben, den Brotlaib darauf legen und mit dem Eiweiß bepinseln.

5 Das Allerheiligenbrot im Ofen 30–35 Minuten auf der mittleren Schiene backen.

Pesche ripiene
Gefüllte Pfirsiche

Dieses köstliche Dessert kommt aus der Gegend von Pisa. Es ist im Sommer, wenn die Pfirsiche schön reif sind, eine sehr beliebte Süßspeise die entweder mit Vanilleeis oder einer Mascarponecreme serviert wird.

Für 4 Portionen
4 vollreife gelbe Pfirsiche
10–12 Amaretti (italienisches Bittermandelgebäck)
4 gehäufte TL gehackte Mandeln
gut 1/4 l Vin Santo
3 EL Zucker

1 Den Backofen auf 175 °C vorheizen. Die Pfirsiche kurz mit kochendem Wasser übergießen, sofort mit kaltem Wasser abschrecken und die Haut mit einem scharfen Messer abziehen. Die Früchte halbieren und die Steine entfernen. Mit einem Teelöffel die Vertiefungen, in denen die Steine saßen, etwas vergrößern.
2 Die Amaretti zerstoßen, mit den gehackten Mandeln und 1 EL Vin Santo vermischen und die Pfirsichhälften damit füllen.
3 Die Pfirsiche nebeneinander mit der Füllung nach oben in eine feuerfeste Form setzen, mit dem Zucker bestreuen und mit dem restlichen Vin Santo beträufeln.
4 Die Form für 20–30 Minuten auf der mittleren Schiene in den Ofen stellen. Die Pfirsiche sollen am Schluss schön weich sein, dürfen aber keinesfalls gebräunt werden.

Lattaiolo
Gebackene Milchcreme

Diese im Ofen gebackene Milchcreme ist eine traditionelle Süßspeise; bereits im 17. Jahrhundert wurde sie erwähnt. Vor allem Kinder lieben sie sehr! Außer der nachstehenden Version gibt es noch eine Variante, bei der lediglich Eiweiß verwendet wird – und dann natürlich die berühmte Panna cotta *(Gebackene Sahne) … Sie wird genau so zubereitet wie* Lattaiolo, *nur wird anstelle der Milch Sahne verwendet. Panna cotta wird allerdings nicht mit Puderzucker, sondern mit karamellisiertem Zucker oder einem Kompott aus Blaubeeren oder Brombeeren serviert.*
Aber zurück zur Lattaiolo:

Für 6 Portionen
6 Eigelbe · 80 g Zucker
100 g Mehl · 1 Prise Zimtpulver
1 Prise gemahlene Muskatblüte
abgeriebene Schale von 1 Zitrone
1 1/2 l Milch · 6 Eiweiße

Außerdem:
Butter und Mehl für die Form
Puderzucker nach Belieben

1 Den Backofen auf 180 °C vorheizen. Das Eigelb mit dem Zucker schaumig schlagen, nach und nach das Mehl einrühren und darauf achten, dass sich keine Klümpchen bilden. Zimt, Muskat und abgeriebene Zitronenschale unterrühren.
2 Die Milch nach und nach einrühren. Das Eiweiß zu steifem Schnee schlagen und vorsichtig unter die Masse ziehen.
3 Eine Tortenform von 24 cm Durchmesser mit Butter einfetten, mit etwas Mehl bestäuben und die Milchcreme einfüllen. Im Ofen 30–40 Minuten auf der mittleren Schiene backen.
4 Die gebackene Creme vor dem Servieren vollständig auskühlen lassen und nach Belieben mit Puderzucker bestäubt auf den Tisch bringen.

Rezeptregister

Deutsch

Italienisch

Abkürzungen im Buch:

EL	=	Esslöffel
TL	=	Teelöffel
l	=	Liter
ml	=	Milliliter
kg	=	Kilogramm
g	=	Gramm
Msp.	=	Messerspitze
°C	=	Grad Celsius

Die Autorin:
Emanuela Stramana lebte mehr als 20 Jahre in der Provinz Siena auf einem alten Gut aus dem 15. Jahrhundert. Sie beschäftigte sich jahrelang mit der traditionellen Küche und sammelte alte und fast vergessene Rezepte aus allen italienischen Regionen. Für ihre Familie und Gäste kochte sie leidenschaftlich gern und überraschte immer wieder mit köstlichen Gerichten nach alter toskanischer Tradition. Das Erscheinen dieses Buches hat sie zu unserem größten Bedauern nicht mehr erlebt, sie starb im Juni 2004.

Die Fotografin:
Martina Görlach, seit vielen Jahren Mitglied im Team Eising FoodPhotography in München, arbeitete nach ihrem Studium der Kunstgeschichte und einer Ausbildung zur Glasmalerin zunächst als Restauratorin von Kirchenfenstern und Glasgemälden. Eher zufällig erfolgte der Wechsel zur Foodfotografie – durch ihre Arbeit als Stylistin und das Malen von Hintergünden. Ihr frischer, unverwechselbarer Stil macht ihre Fotos zu einem wahren Augenschmaus.

Danksagung:
Der Verlag bedankt sich herzlich für die freundliche Unterstützung bei der Realisierung der Fotos zu diesem Buch:
Antico Caffé Poliziano, Claudio Borgoni, Montepulciano
Bar · Pasticeria Centro Storico, Marco Mazzetti, Chianciano Terme
Fiaschetteria de Redi, Felice, Arezzo
Golfo di Gaeta, Chianciano Terme
La Bottega di Cacio, Bagno Vignoni
Le Terre, Annette Müller-Bachstein, Herrsching-Breitbrunn
Mercato centrale, Marktaufsicht, Livorno
Osteria da Gagliano, Giuliano, Sarteano
Pasta Fresca, Massimo Maccari, Sarteano

Anregungen und Hinweise sind jederzeit willkommen:
info@seehamer. de oder Postfach 61, D-83629 Weyarn
Besuchen Sie uns auch im Internet: www.seehamer.de

Gestaltung, Satz und Redaktion: Bine Cordes, Weyarn
Fotos: Titelbild und alle Rezeptfotos Eising FoodPhotography/
Martina Görlach, München;
alle übrigen Fotos Seehamer Verlag
Foodstyling: Eising FoodPhotography, Michael Koch, München
Lektorat: Katrin Wittmann, w & w, Füssen
Lithographie: inteca Media Service GmbH, Rosenheim
Druck und Bindung: Egedsa, Sabadell, Spanien
ISBN 3-934058-92-2